KB266976

정말이지 제로웨이스트샵만큼은
할 생각이 없었다

# 정말이지 제로웨이스트샵만큼은
# 할 생각이 없었다

초판 1쇄 발행  2025년 6월 27일
지은이  흔적
펴낸이  강수걸
편집  이혜정 강나래 오해은 이선화 이소영 유정의 한수예
디자인  권문경 조은비
펴낸곳  산지니
등록  2005년 2월 7일 제333-3370000251002005000001호
주소  부산시 해운대구 수영강변대로 140 BCC 626호
전화  051-504-7070 | 팩스  051-507-7543
홈페이지  www.sanzinibook.com
전자우편  sanzini@sanzinibook.com
블로그  sanzinibook.tistory.com

ISBN  979-11-6861-485-7 02330

일상의 스펙트럼 12

# 정말이지 제로웨이스트샵만큼은 할 생각이 없었다

혼적

산지니

차례

# 취향 대신 찾은 가치관

취향이 없는 것에 대한 지독한 갈증을 느꼈다. 왜 나는 좋아하는 것이 없을까. 왜 그 흔한 취미 하나 없을까. 오랜 시간 이곳저곳 기웃거려 봤지만 딱히 내 마음에 꽂히는 취향을 찾기는 어려웠다. 취향이라는 것은 호와 불호만 명확하면 그 안에서 밸런스게임 하듯 좁혀 나갈 수 있는 것이라 생각했다. 사람들의 패션 취향을 분석하고 트렌드의 흐름을 읽어 내는 일을 하면서도 정작 내 안에 뾰족하게 좁혀진 취향은 없다는 게 늘 아쉬웠다. 일하느라 바빠서 못 찾은 건지, 감각이 부족한 건지, 그것도 아니면 자기 확신이 없는 성격 탓인지 알 수 없었다.

당연하게 받아들였던 세상의 규칙과 기준에도 하나둘씩 의문이 생기던 참이었다. 앞만 보고 달려오다 잠시 멈춰 주변을 돌아보니 내가 어디까지 와 있는지, 지금 이 길이 어디로 향하는 것인지 방향이 보이지 않았다. 매일 아침 출근하면 그날의 퇴근 시간을 예측할 수 없는 날이 많았다. 느닷없이 짐을 싸서 중국으로 출장을 가야 했고 거기서도 밤을 새웠다. 하루 종일 컴퓨터 앞에 앉아 밤이 지나도록 문서를 만들었고 동이 트고 나서야 사무실을 나설 수 있었다. 지친 몸으로 택시를 타고 아침 퇴근길에 나섰던 그때의 차가운 공기와 창밖 어스름한 한강 풍경이 아직도 생생하다. 집에서 쪽잠을 자고 일어나 다시 오전 출근을 했다. 당연하지 않은 모든 것들이 당연한 분위기였다. 힘들다고 하면서도 누구 하나 이런 방식에 의문을 갖지 않았고 그것을 자연스레 받아들였다. 이쪽 분야는 원래 그런 거니까. 나를 좀 갈아 넣어야 성과를 이루는 세상이니까. 그게 열정이니까.

남들도 다 하는 기본이라 생각했다. 이렇게 일에 파묻혀 사는 게 열심히 사는 것이라 정의했다.

내 안에 차곡차곡 축적되어 내공으로 쌓일 줄만 알았지 소진되는 줄은 몰랐다. 억지로 텐션을 끌어올려 일상을 살았다. 아니 냉정하게 이야기하자면, 사실 일상은 없었다. 일하고 남은 잔여 시간을 일상이라 할 수 있을까. 여가를 보낼 에너지조차 남아 있지 않았다. 일과 삶의 균형은커녕 여행을 미리 계획할 수도, 공연을 예약할 수도 없는 생활이었다.

늘 남들보다 앞선 미래를 살았다. 몇 시즌을 앞서 트렌드를 분석하고 기업들에게 앞으로 다가올 유효한 디자인 콘셉트와 마케팅 전략을 제시하는 일은 그래야만 했다. 소비자들의 니즈를 미리 파악해 상품을 기획하는 기업들보다 더 앞선 시간을 살아야 했다. 언제나 시점은 2년 혹은 3년 후였다. 변화의 흐름을 빨리 캐치하는 것이 능력이라 여기며 세상이 쏟아 내는 모든 정보를 섭렵하려 애썼다. 일 자체는 적성에 잘 맞았다. 기업을 위해 장기적인 전략을 세우고 그 안에서 새로운 관점을 제시하는 건 꽤 흥미롭고 재미있는 일이었다. 나만의 해석과 생각을 적용할 수 있는 이 일이 창의적이고 가치 있는 일이라 믿었다. 꽤 오랜 시간 그렇게 살았다. 그런데 어느 순간 이상한 감정이 들기 시작했다. 일이 어느 정도 무르익었다고 느꼈을 때쯤이었다. 7, 8년 차가 되자 더 이상 나아갈 수 없다는 걸 깨달았다. 도태되고 있다고 느꼈다. 누구보다 열심히 산다고 믿었음에도 뒤처지는 것 같았다. 매너리즘에 빠진 건 아니었지만 계속 지쳐만 갔다. 영감으로 가득 찬 세상에서 새로운 관점을 만들어 내는 일은 너무도 즐겁고 반짝거리는 일이었다. 다만 영혼과 체력을 갈아 넣는 방식은 더 이상 지속 가능하지 않았고 나는 0의 상태가 되었다. 정답을 정해 놓고 역으로 맞추는 업계의 관례는 늘 일을 더 어렵게 만들었다. 여기서 더 이상의 비전을 발견하기는 어렵겠다고 판단했다. 패션과 세상의 미래를 열심히 좇는 사이 내 미래에 대한 계획은 듬성듬성 구멍이 나 있었다.

함께 일하던 친한 선배와 회사 밖에서 새로운 콘텐츠를 만들었다. 일하면서 보고 듣고 느낀 것들 중에 재미있는 게 참 많았는데 일에 다 적용할 수 없는 것이 늘 아쉽고 답답했던 우리였다. 그것들이 그냥 사라지는 게 아쉬워 팟캐스트 방송을 시작했다. '불특정 소수를 위한 영감소'의 줄

임말인 '불소소'라고 이름을 지었다. 방송을 시작할 때마다 항상 하는 인사말이자 채널의 수식어가 있었는데 '생각을 공유하고 취향을 나눈다'라는 말이었다. 매주 방송을 진행하며 우리가 관심 갖고 보는 책, 전시, 영화, 예술 등에 대해 이야기했다. 변화하는 라이프스타일에 대해서도 다뤘다. 매번 주제를 정하고 방송을 준비하는 시간들이 즐거웠다. 불소소는 일하면서 다 풀지 못했던 응어리를 풀어놓는 하나의 장이었다. 사람들을 모아 독립서점에서 대화를 나누는 살롱도 열었다. 살롱의 주제 역시 도시락, 책, 환경 등 다양했다. 그때도 프리랜서로 기존의 일은 하고 있었지만 이 즐거운 사이드 프로젝트에 더 마음을 주고 공을 들였다.

매주 일요일마다 팟캐스트 녹음을 위해 연남동에 갔다. 홍대역에서 내려 녹음실까지 걸어가는 사이에 있는 '스프링 플레어'라는 독립서점은 갈 때마다 들르는 참새 방앗간이었다. 겉으로 봤을 땐 특별할 것 없어 보이는 서점이었는데 들여다보면 어찌나 내가 좋아할 법한 책들만 모아 놓았는지. 그게 바로 독립서점의 매력이라지만 이렇게 취향에 잘 맞을 수가 없었다. 내가 좋아할 만한 주제와 분야를 미리 알고 가져다 놓은 게 아닐까 하는 착각이 들 정도로 그 서점의 큐레이션이 좋았다. 한 권, 두 권 마음이 끌리는 책들을 그곳에서 샀다. "일상을 예술로 만드는 삶의 기술에 대해 이야기합니다"라는 메시지도 좋았고 철학 잡지 〈뉴필로소퍼〉를 마음껏 고를 수 있다는 것도 좋았다. 그렇게 나의 미래 취향을 점쳐 준 독립서점은 내게 무심하듯 한 권의 점궤를 내어준다.

『비수기의 전문가들』. 책의 내용도, 장르도 모른 채 마주한 한 권의 책 앞에서 내 마음이 일렁거렸다. 오로지 제목 때문에 그 책이 나를 향하고 있는 것처럼 느껴졌다. 나는 비수기였고 전문가였다. (내가 스스로를 뛰어난 전문가라고 평가하는 게 아니라 당시 일반적으로 흔하지 않은 분야에서 일하고 있다고 느꼈기 때문이다.) 나의 숱한 밤을 새우게 만들었던 회사 여럿을 퇴사하고 프리랜서로 생활하던 때였다. 나는 프리랜서라는 이 그럴싸한 단어를 마치 명함처럼 내밀고 다녔지만 실제 의미하는 것처럼 자유롭지는 않았다. 내가 원하는 일을 선택하는 게 아니라 선택받은 뒤 일이 주어져야 일할 수 있었기 때문이다. 세상이 원래 그런 거겠지만 돈을 주는 사람은 늘 더 적게 주려고 노력하고 받는 사람은 그 돈이 합당하지 않게 느껴지는 줄다리기를 회사에 있을 때보다 더 냉혹하게 경험했다. 일에 이미 지친 상태에서 프리랜서의 고된 현실까지 맞닥뜨려야 했다. 전문가의 길을 간다고 생각했는데 이렇게 비수기일 수가 있는 건가, 라는 생각이 들었다. 그래서 그 책을 샀다. 나는 그 책을 사야만 했다. 아마 그 책이 어린이를 위한 동화책이어도 샀을 거다.

책은 나보다 더 비수기인 존재를 주인공으로 내세우며 나를 위로했다. 세상이 돌아가는 원리의 반대편에 서 있는 자들을 정의하며 내 의문에 실마리를 풀어 주었다. "비공감주의"라는 단어로 삐뚤어진 내 마음을 바로잡아 주었다. "미친 듯이 갈구한 자유, 정작 주어지면 딴전"이라는 말은 내게 필요한 쓴소리가 되었다. 그렇게 한 권의 책에 빠져들었고 같은 작가의 책을 몇 권 더 사서 읽어 보며 김한민이라는 작가의 이름에 반응하게 되었다. 작가의 세계관에 매료되었고 그의 문장은 자꾸 내 마음을 건드렸다. 그땐 몰랐다. 그가 해양

환경 단체인 '시셰퍼드'의 활동가이며 비건(vegan)이었다는 사실을.

팟캐스트를 녹음하러 가는 일요일 오전이었다. 여느 날처럼 스프링 플레어에 들어갔고 책들을 구경했다. 그날은 책의 제목보다 작가의 이름이 먼저 눈에 들어왔다. 김한민 작가의 신간을 발견한 순간이었다. 제목은 '아무튼 비건'이었다. '비건'이라는 단어를 접해 본 적은 있지만 자세히는 몰랐고 오히려 조금 낯설게 느껴졌다. 당시엔 환경에 관심이 있었던 것도 아니다. 건강, 동물권 등 그 어떤 것 때문도 아니었다. 오로지 작가의 이름만 보고 책을 샀다. 그리고 책을 펼쳤다. 다소 단호한 어조로 채식에 대해 이야기하는 작가의 문체에 나 역시 진중한 마음으로 읽어 내려갔다. 마지막 책장을 덮은 후 이전엔 생각해 본 적 없던 것들에 대해 생각하기 시작했다. 당연하다고 여겨졌던 것들도 다시 들여다보기로 했다. 채식의 단계도 제대로 모른 채 어설픈 채식을 시도해 보기도 했다. 『비수기의 전문가들』처럼 한 번에 내 세상이 흔들리진 않았지만 『아무튼 비건』은 오랜 잔상으로 자꾸만 나를 신경 쓰이게 만들었다.

그리고 잊었다. 임신을 한 후 이사를 했고 아이를 낳았다. 모든 것이 정신없이 휘몰아치며 삶이 달라졌다. 이전에 갈구했던 취향 따위 신경 쓸 겨를이 없었다. 아이를 먹이고 재우고 씻기는 일에 하루를 다 썼다. 신생아를 키우는 부모들은 모두 마찬가지겠지만 아이의 사랑스러운 얼굴을 보며 행복해하면서도 하루만 푹 자 봤으면 소원이 없겠다고 생각할 정도로 정신없는 나날들을 보냈다. 아이가 막 이유식을 시작했을 무렵이었다. 지칠 여유조차 없이 분주한 시간 사이로 문득 스쳐 지나간 생각이 있었다. '환경이 이렇게 예전보다 안 좋아졌는데 내가 죽고 난 다음 아이가 살아갈 세상은 어떻게 될까', '지금보다 더 오염된 물, 공기, 땅을 마주하며 살아야 할 텐데, 극단적인 날씨에 두려움에 떨며 살아갈 아이는 얼마나 무섭고 불행할까.' 죽고 나면 그만이라 생각했었는데 아이가 있으니 자연스레 내가 죽고 난 이후의 시간들에 대해서도 생각하게 되었다. 환경과 관련된 책을 읽고 다큐멘터리를 보기 시작했다. 알고 나니 세상은 더 가관이었다. 이타적인 마음 때문이 아니었다. 내 아이가 이런 세상에서 살아야 한다고 생각하니 피가 거꾸로 솟는 것 같았다. 당장 행동하지 않으면 안 될 것 같은 위기감을 느꼈다.

　방치된 책장을 뒤져『아무튼 비건』을 다시 읽었다. 취향을 좇아 방황하던 시기에 팟캐스트에서 '에코백과 텀블러'에 대해 이야기했던 방송을 다시 찾아 들었다. '노 플라스틱'을 주제로 살롱을 진행하기 위해 한 달간 내가 만든 쓰레기를 사진 찍고 기록했던 '쓰레기 일기'도 다시 뒤적였다. 이 대로는 안 되겠다는 생각이 들었다. 환경과 관련된 주제들을 트렌드나 콘텐츠로만 바라보았던 과거를 다시 곱씹으며 삶의 방향을 재정비했다. 앞으로 어떻게 살 것인가를 고민하기 시작했다. 보이지 않는 강력한 힘이 나를 어디론가 이끄는 것 같았다. 아직 세상을 모르고 생글생글 웃고 있는 너무도 작고 여린 내 아이가 내가 가야 할 길이 어디인지 이끌어 주고 있었다. 모든 과정은 아주 자연스러웠고 동시에 신속하게 이루어졌다. 그렇게 찾고 싶어 하던 취향이 뭘 해도 꽂히는 것 없이 흩뿌려지다 가치관이라는 걸 만나 정착하는 순간 확신했다. 매서운 바람에도 흔들리지 않는 나무처럼 단단하게 뿌리내리게 될 거라는 것을. 진정한

쾌감은 취향을 찾았을 때가 아니라 삶의 가치관
을 만났을 때 온다는 것을.

# '에코 콘텐츠 큐레이터'가
# 되기로 했다

제로웨이스트에 첫발을 떼는 순간부터 모든 과정을 기록했다. 사진을 찍고 SNS에 환경과 관련된 계정을 만들어 글과 사진으로 공유했다. 환경에 대한 실천과 생각을 기록할 수 있는 나만의 온라인 전용 공간이었다. 하나둘 피드를 올리며 자연스레 나와 비슷한 생각을 가지고 실천하는 계정들을 팔로우하게 되었다. 그들은 내가 실천한 걸 올리면 아낌없이 칭찬하고 응원해 줬다. 나 역시 다른 사람이 실천한 걸 보며 새로운 정보를 얻고 노하우도 배웠다. 현실에선 함께 쓰레기를 주우러 나갈 동지 한 명이 없어 외로웠는데 SNS

안에서는 비슷한 가치관과 방향성을 중심으로 마음을 나눌 수 있어 좋았다. 서로가 서로를 부둥부둥하며 따뜻하게 안아 주는 듯한 가상 공간의 순기능을 경험했다. 나의 기록을 아카이빙해 놓을 수 있어서 좋았고 그것이 새로운 정체성을 만들어 나가는 과정이 되어 즐거웠다. 사람들이 말하는 것처럼 SNS가 남들과 나의 삶을 비교하고 과시하는 역기능만 있는 건 아니었다. 내게는 앞으로 나아갈 수 있게 하는 동력이 되어 주었다. 덕분에 나의 제로웨이스트는 시작부터 어렵고 불편한 게 아니라 처음 간 놀이공원처럼 즐겁고 설레었다.

계정의 이름을 '흔적'이라고 지었다. 별 고민 없이 떠올린 단어였다. 세상에 남기는 나의 흔적은 어떤 모습일까 생각하다 보니 이름이 흔적이 되었다. 흔적은 어떤 현상이 지나간 뒤에 남는 자국이나 자취를 의미한다. 인간의 많은 활동이 지구에 영향을 미친다는 걸 알게 되면서 내가 그동안 남긴 발자국은 어떤 색과 크기를 가졌을지 생각해 보았다. 카페에서 일회용 컵에 담긴 커피를 사가지고 나와 거리를 걸어가며 마시는 게 더 있어 보이는 거라 여겼던 숱한 날들을 떠올리니 내가 남긴 흔적은 왠지 아주 새까말 것 같은 느낌이 들었다. 그게 바로 탄소발자국이겠지. 탄소발자국이란 개인 또는 기업, 국가 등이 생산, 소비 등 여러 과정을 통해 발생시키는 온실가스(특히 이산화탄소)의 총량을 의미한다. 우리는 자동차를 타고 이동할 때도, 추워서 난방을 틀 때도, 배달 음식을 시켜 먹을 때도 어마어마한 양의 이산화탄소를 지구에 배출한다. 먹고 마시고 이동하고 즐기는 거의 모든 일상의 면면이 환경에 부담을 준다. 당연하게 누려 왔던 인간의 모든 활동들이 환경에 유해하다는 걸 알게 되니 살아가는 방식에 대해 고민하게 되었다. 안 좋은 흔적은 되도록 안 남기고 싶은데 불가능해 보였다. 불필요한 낭비를 줄인다는 의미의 '제로웨이스트(zerowaste)'에서 0을 의미하는 '제로(zero)'는 영원히 닿을 수 없는 허상인 걸까. 그런 생각을 하다 좋은 의미 하나를 더하기로 했다. 나의 활동이 누군가에게 좋은 영향을 미쳐 그가 환경에 관심을 갖게 된다면, 그건 정말 눈에 보이지 않는 흔적이지만 분명히 존재하는 무형의 가치가 아닐까. 그게 바로 선한 영향력이 아닐까. 나쁜 흔적은 줄이고 좋은 흔적을 늘

려 보자. 나만의 거대한 세계관이 완성되는 순간이었다.

새로운 이름이 생기자 날개를 단 듯 자유로운 기분이 들었다. 여태껏 살면서 한 번도 해 본 적 없는 나에 대한 너무도 확실한 정의였다. 단순한 별명이나 애칭 같은 개념이 아니었다. 여태껏 부모님이 정해 주신 이름으로 살아왔다면 앞으로의 삶은 내가 정한 내 이름으로 살아갈 것이고 그 안엔 내가 살아가는 방식과 가치관, 취향 등 모든 것이 들어 있을 거라는 확신이 말도 못 할 기쁨과 안정감을 가져다주었다. '흔적'이라는 이름으로는 무엇이든 할 수 있을 것 같았다. 명품백을 갖지 않아도 유명한 호텔에서 밥을 먹지 않아도, 조금도 남들을 부러워하거나 불안해하지 않는 태도가 '흔적'이라면 얼마든지 가능할 것 같았다.

나는 '흔적'이 된 이후로 신나게 친환경의 세계로 들어갔다. 일회용기를 쓰지 않기 위해 외출할 땐 텀블러와 밀폐용기를 가지고 다녔다. 배달 음식을 먹지 않았고 물티슈 대신 손수건을 썼다. 웬만하면 물건은 새로 사지 않았고 집 안의 필요한 물건과 육아 용품은 모두 중고로 구매했다. 도장 깨기 하듯 비건 식당을 방문했고 여행에서도 핫플레이스 다니듯 제로웨이스트샵들을 찾아다녔다. 진지하게 실천하면서 동시에 즐기려 노력했고 이 모든 과정들을 글과 사진으로 남겼다. 일련의 과정들은 내게 성취감과 도파민을 주었고 SNS 계정을 키우다 보니 이걸 활용해 성과를 내는 일들을 하고 싶어졌다. 나만의 분야를 만들고 싶다는 마음이 강해졌다. 그때도 여전히 프리랜서로 패션 트렌드 분석을 하고 있었는데 어렴풋이 이제는 직업으로서도 지속 가능한 방향을 추구해야 할 때가 아닐까 생각했다. 물론 직업은 생계이고, 오랫동안 해 왔던 일을 한순간에 바꾸는 건 쉬운 일이 아니었다. 그래서 본업을 유지하면서도 새로운 기회를 만들어 낼 수 있는 나만의 사이드 프로젝트를 시도해 보기로 했다. 나의 포지션을 '프리랜서 n잡러 워킹맘'으로 두고 환경과 관련된 콘텐츠를 만들었다.

네이버 블로그와 글쓰기 플랫폼인 브런치에 환경과 관련된 글을 쓰기 시작했다. 블로그에는 제로웨이스트 실천을 기록하고 친환경 제품과 콘텐츠에 대한 리뷰를 올렸다. 브런치에는 친환경 육아에 대해 고민하는 에세이를 쓰는 등 내가 경험하고 느끼는 모든 것들을 콘텐츠화했다. 그것이 마치 취미인 것처럼, 특기인 것처럼, 취향인 것처럼, 나의 모든 것인 것처럼. 그러다 보니 크리에이터로 활동할 수 있는 기회가 주어졌다. 환경 저널 〈플래닛타임즈〉의 객원기자로 활동하며 기사를 썼고 환경 재단에서 후원하는 '에코 크리에이터' 프로젝트에 선정되어 환경 캠페인 영상을 제작했다. 비건 박람회인 '비건 페스타'의 인플루언서가 되어 홍보 활동을 진행했고 대안 교육 잡지 〈민들레〉에 내 글이 실리기도 했다. 나를 알리고 환경에 대해 목소리를 내며 콘텐츠를 제작할 수 있던 다양한 기회 덕분에 성취감을 느끼며 한 발씩 더 앞으로 나아갈 힘을 얻었다.

조금씩 희미하지만 내 길이 보이는 것 같았다. 내가 먼저 기회를 찾기도 했지만 이전에 했던 활동의 흔적들을 보고 제안이 들어오기도 했다. 환경 문제가 점점 대두되는 것에 비해 사람들의 관심은 적고 관련 콘텐츠를 만드는 채널은 더 찾기 어려운 게 현실이었다. 그 부분이 아쉬웠지만 역으로 기회라고 생각했다. 내가 할 일이 있고 나만의 영역을 만들 수 있을 것 같았다. '내가 가장 잘하는 건 사람들에게 새로운 관점을 공유하고 설득하는 일인데 그걸 패션이 아닌 환경에 적용한다면 성공적인 업의 전환을 이룰 수 있지 않을까?' 하고 생각했다. 그렇다면 나의 타이틀을 새롭게 정하자. 내가 내 이름을 새롭게 정했듯이 직업도 나만의 방식으로 새롭게 정의해 보자. 내가 경험한 친환경의 세계는 어렵고 불편하고 지루한 것이 아니었다. 재미있고 영감이 가득하고 들여다보면 예쁘고 반짝이는 것들도 많았다. 하지만 그런 것들은 알려지지 않았고 골라내기 힘들었으며 금세 사라지기도 했다. 좋은 것들이 사라지지 않게 콘텐츠로 멋지게 만들어 소개하고 알리는 사람이 되면 어떨까?

'에코 콘텐츠 큐레이터'가 되기로 했다. 구체적으로 어떤 그릇에 어떻게 담길지는 몰라도 그 안의 본질은 언제나 에코 콘텐츠 큐레이터를 추구하자고 마음먹었다. 나의 경험과 능력을 잘 갈고닦아 브랜딩하면 더 많은 기회가 생겨날 것이고 나만의 경쟁력이 되어 업을 전환할 수 있을 것이라 생각했다.

그때는 몰랐다. 기회는 멀리 있지 않았다는 것을. 아주 가까이에, 내 손안에 있었다는 것을.

# 제로웨이스트샵의 단골손님

제로웨이스트를 실천한 지 일 년쯤 되었을 무렵이다. 우리 동네엔 제로웨이스트샵이 없었다. 친환경 제품을 구매하고 리필 스테이션(용기를 가져가면 친환경 세제를 쓰레기 없이 알맹이만 구매할 수 있는 코너)을 이용할 수 있는 제로웨이스트샵이 집 가까이에 없다는 건 슬픈 일이었다. 한 번 가려면 마음먹고 여행을 가듯 차를 타고 멀리 이동해야만 했다. 평소 집에 차곡차곡 모아 두었던 양파망을 재활용하기 위해 지하철과 버스를 타고 한 시간 반 거리를 간 적도 있었다. 사정이 이러하니 자주 갈 수 없었고 온라인으로 물건을 구매하는 일이 잦아졌다. 친환경을 실천한다면서 집 앞에 택배 박스가 쌓인다는 게 아이러니했지만 오프라인으로 친환경 제품을 구매하는 일이 쉽지 않으니 나로선 어쩔 수 없었다. 제로웨이스트샵이 일상이 되길 바랐는데 특별한 이벤트처럼 방문하게 되는 게 아쉬웠다.

공간이 내게 주는 의미와 경험은 특별했다. 제로웨이스트샵은 단순히 물건만 구매하는 상점이 아니었다. 그 어떤 곳에서도 할 수 없는 친환경 실천과 라이프스타일 경험이 가능한 곳이었다. 그곳을 방문하면 특유의 자연스러운 분위기에 기분이 좋아졌고 그곳에서 새로운 문화를 받아들이는 과정이 즐거웠다. 정확하게 어떤 것이라고 정의하기 어려웠지만 앞으로 나아갈 동력을 얻는 장소임에는 틀림없었다. 천연 재료로 만들어 건강과 환경에 좋고 쓰레기도 줄일 수 있는 생활용품들은 일반 마트에서 흔하게 파는 것들이 아니었다. 익숙하면서도 낯선 물건들을 살펴보며 어떤 것이 지구에 무해하면서도 편하게 쓸 수 있을지 고민했다. 집에서 다 쓴 용기를 씻고 말린 뒤 가져가 내가 원하는 만큼 무게를 재서 세제를 구매하는 방식도 즐거웠다. 누군가는 새벽 배송이 당연한 시대에 모든 편의를 역행하는 불편한 소비라고 생각할 수도 있겠지만 그보다 더 내 마음을 불편하게 하는 건 수백 년 동안 썩지 않을 플라스틱이었다. 거대하고 두꺼운 플라스틱 용기 없이 알맹이만 구매하는 건 그 어디에서도 경험할 수 없는 소비 방식이었다. 리필 스테이션은 제로웨이스트 실천의 꽃이었다.

이런 이유들로 여행을 가게 되면 꼭 그 지역의 제로웨이스트샵을 방문했다. 인기 있는 맛집에 줄을 서듯 설레는 마음으로 상점에 들어가 나의 호기심을 자극하는 물건들을 살폈다. 언뜻 보면 비슷하게 친환경 제품을 판매하는 곳 같지만 자세히 들여다보면 각자의 개성이 살아 있는 공간이었다. 각 상점들의 공통된 특징은 무엇인지, 인상적인 것은 무엇인지, 어떤 물건을 파는지 나만의 관점으로 해석하고 후기를 기록했다. 제로웨이스트샵을 운영할 마음도 없었고 당장 직업을 바꿀 예정도 아니었지만 마치 시장조사하는 사람처럼 열심이었다. 그렇게 제로웨이스트샵에 대한 나의 마음은 진심이었다.

그러던 어느 날 우리 동네에 제로웨이스트샵이 생겼다는 소식을 들었다. 걸어서 10분 거리라는 걸 알게 되어 반가운 마음에 한걸음에 달려갔다. 호수공원 근처 큰 쇼핑몰 2층 한편에 조용히 자리 잡은 제로웨이스트샵은 단정하고 깔끔해 보였다. 상점 앞에는 자원순환을 위한 종이팩과 멸균팩, 투명 페트병 수거함이 비치되어 있었다. 집에 모아 두었던 종이팩과 멸균팩들을 챙겨 와 조심스레 수거함에 넣었다. 이제 나도 집 앞에 가져다줄 곳이 있다는 사실이 기뻤다. 설레는 마음으로 불 켜진 상점의 문을 열고 들어섰다. 처음 발을 들여 보는 공간이었지만 익숙한 친환경 제품들에 괜스레 마음이 따스해졌다. 천연 수세미, 소창 행주, 비누 등 찬찬히 물건들을 살펴보았다. 뭘 사야 할까, 이곳은 어떤 곳일까 고민하며 매장 안을 몇 바퀴나 돌았다. 카운터 앞에 서 있는 초면인 사장님을 힐끗 쳐다보았다. 괜히 말을 걸고 싶었다. 더 고를 물건이 없는데도 괜히 서성거리며 말 걸 타이밍을 기다리기도 했다. 첫마디가 뭐였는지 기억은 잘 나지 않지만 그날부터 나는 단골손님이 되었다. 틈만 나면 갔다. 수세미를 다 쓴 건 아닌지, 필요한 물건이 있지는 않은지 살피며 제로웨이스트샵에 갈 명분을 만들었다. 집에서 쓰던 대나무 휴지가 다 떨어지면 제로웨이스트샵에 달려갔고 아이 어린이집 친구들에게 줄 답례품을 마련하러 가기도 했다. 무포장으로 구매할 수 있는 고구마 과자가 입고되었다는 소식을 들으면 집에 있는 밀폐용기를 들고 부리나케 출동했다.

사장님과 한두 마디씩 대화를 나누며 조금씩 친해졌다. 선물할 물건을 고를 때 의견을 구하기도 하고 어떤 제품이 좋은지 물어보기도 했다. 우리 동네 제로웨이스트샵이 없어질까 두려운 마음에 장사는 잘 되는지, 손님은 좀 있는지 살펴보기도 했다. 버려진 양말목으로 가방을 만드는 업사이클링 공예 수업을 듣기도 하고 플로깅 행사 때 가족들을 모두 데리고 참여하기도 했다. 다녀온 후엔 SNS에 사진과 함께 상세한 이야기들을 글로 썼다. 나의 실천을 기록하고 공유하기 위함이기도 했지만 상점을 홍보해 주고 싶은 마음이 컸다. 아니, 우리 동네의 제로웨이스트샵이 사라지지 않기를 바라는 마음 때문이었다. 환경에 관심을 갖고 실천하면서 알게 된 건 환경 문제가 모두의 문제

임에도 불구하고 실천하는 사람들은 극히 일부이
고 친환경 제품을 잘 알며 소비하는 사람들은 그
보다 더 소수라는 점이다. 제로웨이스트는 더 많
은 사람들이 알고 즐겨야 할 필요가 있고 하나의
문화가 되어야 한다고 생각했기에 안타깝고 슬펐
다. 각 지역마다 제로웨이스트샵이 존재하는 것
자체가 너무도 중요한데 사람들의 관심이 없으면
당연히 사라질 수밖에 없다. 내가 확성기 역할을
할 수 있다면 참 좋겠다고 생각했다.

　이런 나의 바람을 알고 있었던 것일까. 사장님
은 어느 날 내게 상점의 블로그를 대신 관리해 줄
수 있는지 제안했다. 상점을 홍보하기 위해선 블
로그가 필수인데 혼자서 운영하며 여러 SNS를 관
리하는 데 어려움이 있다고 했다. 듣자마자 망설
이지도 않고 흔쾌히 그러겠다고 했다. 시간에 구
애받지 않는 일이어서 프리랜서 일을 하며 그 정
도는 함께 해도 무리가 없을 것 같았다. 무엇보다
환경과 관련한 업의 전환에 대해 고민하고 있을
무렵이라 좋은 기회라고 여겼다. 인스타그램과 블
로그, 브런치 등 다양한 채널에 이미지와 글로 기
록하는 일은 이미 나의 일상에서 떼어 놓을 수 없

는 익숙한 루틴이었기 때문에 고민할 이유가 없었다. 어쩌면 나는 조금 신이 나 있었는지도 모르겠다. 마치 상점의 일원이 된 것 같은 기분 좋은 소속감이 들었고 뭔가 다음을 기약할 수 있는 하나의 시작점이 된 것 같았다. 그날부터 상점의 소식도 전하고 환경 정보도 포스팅하며 즐겁게 블로그를 운영했다.

# 시작은 작은 동네 플리마켓

사장과 손님의 관계에서 한 발 더 나아가 친밀도를 쌓게 되자, 나는 자주 매장 안쪽 테이블 공간에 앉아 그녀와 대화를 나누었다. 커피도 대접받고 환경과 관련된 이야기도 나누며 한참을 머물다 가는 일이 잦아졌다. 제로웨이스트 라이프를 응원하고 독려해 줄 온라인 친구들은 많았지만 직접 만나서 환경 이야기를 나눌 사람은 주변에 없었던 터라 동지가 생긴 것 같아 든든하고 외로움도 덜해졌다. 이제 나에게 제로웨이스트샵은 단순히 친환경 물건을 사기 위한 곳이 아니라 마음을 둘 곳이 되었다. 특별한 여행이 아니라 하루를 기분 좋게 하는 소소한 일상의 한 조각이 되었다.

그날도 어김없이 제로웨이스트샵으로 향하던 어느 평일 오전이었다. 익숙하게 상점을 돌아보고 자연스럽게 사장님과 이야기를 나누던 와중에 그녀가 내게 새로운 제안을 했다.

"친환경 플리마켓을 열게 되었는데 같이해 보시면 어떨까요?"

사장님은 근처 대형 카페에서 플리마켓을 기획하게 되었고, 친환경을 주제로 셀러를 모집할 예정이라고 했다. 혼자서 총괄하게 되었는데 친환경 브랜드나 셀러를 많이 알고 있는 내가 함께 해 주면 좋을 것 같다고 했다. 나는 또 흔쾌히 하겠다고 했다. 사장님은 플리마켓의 기획과 운영을 맡았고 나는 스태프로서 기획과 셀러 섭외를 돕고 SNS를 중심으로 홍보하는 일을 맡기로 했다. 플리마켓의 타이틀을 '지구장터'라고 정하고 제로웨이스트, 비건, 업사이클링, 빈티지 등 환경과 관련된 셀러 27팀을 모집했다. 친환경 제품을 제작 및 판매하는 셀러뿐 아니라 원데이 클래스를 체험할 수 있는 공방도 다양하게 섭외했다. 평소 환경과 관련된 계정들을 팔로우하며 얻은 정보도 많았고 워낙 관심 있게 그들을 지켜보았던 터라 섭외는 어렵지 않게 진행되었다.

주제가 '친환경'인 만큼 행사에 필연적으로 따라오는 쓰레기 문제에도 다르게 접근해 보기로 했다. 지구를 생각한다면서 일회용품을 사용하는 건 모순이라고 생각했다. 쉽지 않았지만 행사에 필요한 모든 준비물은 새것을 만들어 내지 않고 자원을 최대한 활용하기 위해 노력했다. 구매 고객에게 제공되는 사은품은 나무 빨대로 정하고 제비뽑기 이벤트는 다 쓴 유리병에 버려진 병뚜껑을 재활용해 만들었다. 행사가 열리는 장소가 카페인 만큼 텀블러를 지참하면 음료를 10% 할인해 주는 행사도 진행했다. 참여하는 셀러들에게도 판매 시 비닐 포장 등 일회용품 사용을 지양해 달라고 요청했다.

문제는 가장 큰 규모의 홍보물이라 할 수 있는 현수막이었다. 크든 작든 어느 행사에나 현수막은 필수다. 하지만 단 한 번의 행사를 위해 생산되고 금세 버려지는 현수막은 심각한 환경 문제를 일으키는 일회용품이다. 각종 공연, 축제, 이벤트,

선거 등에서 쏟아져 나오는 현수막 쓰레기 문제
가 아주 심각하다. 그 양도 어마어마하고 전부 재
활용하기도 어려워 처치 곤란이기 때문이다. 우리
가 거리에서 흔히 보는 일반적인 현수막은 플라스
틱 섬유의 일종인 폴리에스테르로 제작되기 때문
에 버려지면 그대로 오랫동안 썩지 않는 플라스틱
쓰레기가 된다. 소각하게 될 경우 1급 발암물질인
다이옥신이 이산화탄소와 함께 공기 중으로 배출
되어 지구온난화를 촉진시킨다. 환경에 미치는 영
향만 생각한다면 안 쓰는 게 답이지만, 여전히 홍
보 효과 때문에 현수막은 사라지지 않고 매일 새
롭게 생산되고 있다.

　"헌 옷을 활용해 친환경 현수막을 만들어 보
면 어떨까요?"

　자꾸 뭘 같이하자는 사장님은 이번엔 현수막
을 직접 만들어 보자고 제안했다. 값싸고 빠르게
만들 수 있는 일회용 현수막 대신 느리게 손으로
만드는 친환경 현수막이라니. 환경적으로 가치와
의미가 있을 것 같았고 무엇보다 재미있을 것 같
았다. 현수막은 환경에 유해한 물건이라고만 생각
했기에 버려지는 원단이나 헌 옷을 활용한다는 것

은 발상의 전환이었다. 사장님은 자투리 원단을, 나는 더 이상 입을 수 없는 옆단이 미어진 원피스와 찢어진 파자마 바지를 가져와 공방에 모여 현수막을 만들기 시작했다. 커다란 광목 천 위에 '지구장터'라는 커다란 글씨를 손바느질로 새겨 넣었고 운동화 끈으로 현수막 고리를 대신했다. 남은 원단 조각들도 알뜰하게 모아 퀼팅솜 대신 넣자 귀엽고 통통한 글씨가 눈에 띄는 현수막이 완성되었다. 플리마켓이 열리는 날 카페 앞 입구에 커다란 핸드메이드 현수막을 내걸고 바라보는데 어찌나 뿌듯하고 기분이 좋던지 뭔가 대단한 일을 해낸 것 같은 기분이 들었다. 쓰레기에 가치를 더해 새로운 물건으로 재탄생시키는 업사이클링 현수막이 내 손에서 탄생했다는 게 믿기지 않았다.

그렇게 환경을 생각하는 사람들이 모여 만든 특별한 플리마켓이 시작되었다. 청바지를 재활용한 가방과 반려견 용품, 천연 비누와 목욕 제품, 빈티지 의류, 커피박(커피 찌꺼기)으로 만든 키링 등 각기 다른 재료와 스토리를 가진 브랜드와 공방들이 한자리에 모였다. 공간별로 제로웨이스트 마켓존, 수공예 체험존, 중고장터 존을 나누어 구성했다. 서울도 아닌 시흥에서 이렇게 많은 셀러들이 한자리에 모였다는 게 믿기지 않았다. 인스타그램 계정을 따로 만들어 행사의 취지를 알리고 셀러들을 소개했다. 단 이틀 동안 열리는 행사였지만 할 수 있는 모든 것들을 다 했다. 모든 게 처음이었지만 진심을 다했던 이유는 오직 친환경 문화를 만들고 싶은 마음, 그것 하나뿐이었다. 늘 머릿속에서 꿈만 꾸던 일을 직접 해 볼 수 있어 좋은 경험이었다. 환경과 관련해 누군가와 함께 일을 도모한다는 것 자체가 나에게 굉장한 성취감을 주었다.

동네에서 열린 작은 플리마켓을 기획하고 진행한 것이기에 수익은 그리 크지 않았다. 애초부터 새로운 경험과 시도를 하는 데 의미를 두었기에 조금도 실망스럽거나 아쉽지 않았다. 작게나마 수익이 있다는 것이 오히려 뿌듯했다. 그리고 이렇게 번 돈을 더 의미 있는 데 쓰고 싶다는 생각이 들었다. 어떻게 할까 의논하다 작은 금액이지만 수익금의 일부를 기부하기로 했다. 마땅한 기부처를 찾다가 비영리 유기견 보호소인 '유엄빠'가 얼마 전 시흥으로 거처를 옮겨 왔다는 소식을 알게 되었다. 보호소에 연락한 뒤 직접 방문하여 보호 중인 강아지들을 만나고 공간을 둘러보았다. 유기견 보호소는 난생처음이라 내게도 생경한 경험이었다. 정말 많은 강아지들이 낯선 사람을 반가워하거나 경계하며 목소리 높여 짖었다. 길에서 생활하다 다쳤거나, 주인에게 버림받았거나 하는 등 그곳에 오게 된 사연도 제각각이었다. 많은 강아지들이 한곳에 모여 있는 모습을 보니 짠하기도 하고 조금이라도 도움을 줄 수 있으면 좋겠다는 생각이 들었다. 무엇보다 보호소 관리가 정말 잘되고 있어 안심이 되었고 믿음이 갔다. '지구장터'의 이름으로 유엄빠에 기부를 했다.

선한 영향력은 유명한 연예인이나 큰 기업만 줄 수 있는 게 아니다. 일방적으로 베풀기만 하는 게 아니라 서로 주고받으면서 점차 키워 가는 눈덩이와 같다. 하나의 행동이 또 다른 행동으로 이어지는 연결고리가 되고, 새로운 도전을 가능하게 하는 원동력이 된다는 사실도 알게 되었다. 혼자서는 할 수 없었을 일들을 진행함에 있어 동료와 함께 고민하고 힘을 모아 새로운 가치를 만들어 냈던 단 한 번의 행사는 작지만 큰 의미를 남겼다.

'지구장터'는 내 삶을 다음 단계로 나아가게 하는
결정적인 계기가 되었다.

# 예상치 못한 업의 전환

환경과 관련된 다양한 활동을 하게 된 건 좋았지만 고민이 깊어졌다. 더 적극적이고 주도적인 형태로 나의 일을 하고 싶었고 그러려면 기존의 활동을 넘어서는 새로운 도전이 필요했다. 업을 전환할 시기가 왔음을 직감했다. 어떤 특별한 계기가 있었기 때문이 아니다. 그때의 나를 감싸는 모든 기운이 그랬다. 다음 챕터로 넘어가지 않으면 영원히 이 자리에 머물러 있게 될 것만 같은 기분이 들었다. '나는 뭘 할 수 있을 것인가', '뭘 하고 싶은가'를 놓고 고민하는 날들이 이어졌다. 만들고 싶은 콘텐츠를 나열해 보기도 하고 온갖 키워드로 마인드맵을 그려 가며 나라는 사람의 위치를 점검해 보기도 했다. 『창업가의 일』이라는 책을 샀다. 창업을 할 수도 있고, 안 할 수도 있지만 확실한 건 새로운 일을 만들어 내고자 하는 마음이 컸다는 것이다. "창업가는 세상이 정해놓은 규칙을 새롭게 해석하고 재정의한다"라는 문장을 곱씹어 보았다. 나 또한 세상이 정해 놓은 규칙을 새롭게 정의하고 싶었다.

딱히 계획도 없이 작업실이 하나 있으면 좋겠다고 생각했다. 주변에 마땅한 공유 사무실이 없어 빈 상가의 월세와 보증금을 알아보고 다녔다. 신도시라 만만치 않은 시세에 한탄하며 막연히 내 공간이 생긴다면 어떻게 꾸밀지 상상해 보았다. 업사이클링 브랜드만 모아 놓은 편집숍은 어떨까. 내가 아는 친환경 브랜드들은 의미도 좋고 감각적이기도 했지만 많이 알려지지 않아 안타까웠다. 친환경 제품은 대체로 퀄리티가 낮고 예쁘지 않다는 인식이 있는 것도 아쉬웠다. 자세히 들여다보면 보석 같은 브랜드가 많은데 사람들의 눈에 쉽게 띄지 않는 것 같았다. 에코 콘텐츠 큐레이터가 되든 마케터가 되든 아니면 또 다른 형태가 되든,

좋은 브랜드를 잘 소개하는 것만큼은 누구보다 자신이 있었다. 팝업 스토어처럼 기획을 해 보면 어떨까. 브랜드와 협업하여 샘플을 제작하고 크라우드 펀딩처럼 선주문 후제작으로 소량 생산하는 방식은 어떨까. SNS에서 많이 하는 판매 방식인 공동구매를 적용하여 가격을 낮춘다면 가능하지 않을까. 이런 식의 프로젝트를 내 공간 안에서 끊임없이 기획하고 소개한다면 어떨까. 아이디어만 무궁무진하게 떠올랐다.

"여기서 하세요."

제로웨이스트샵의 공간을 이용해 내가 하고 싶은 일들을 진행해 보지 않겠냐는 사장님의 제안에 귀가 솔깃해졌다. 한쪽 공간을 내줄 테니 원하는 것들을 시도해 보라고 했다. 비용의 부담이 없으니 가볍게 여러 가지 시도를 해 볼 수 있을 것 같았다. 카페나 독립서점에서 아주 작은 공간을 꾸며 전시와 판매를 겸하는 걸 보았던 기억이 떠올랐다. 나의 아이디어를 실험해 볼 수 있는 기회고 콘텐츠로 만들어 홍보하기도 제격일 것 같았다. 하지만 거창한 사업 아이템이라기보다는 사이드 프로젝트에 가까운 계획들이었다. 더 과감한 건 시도해 본 적이 없어 두려웠다. 꿈을 이루는 것도 좋지만 경제적인 부분도 중요했기에 내가 정해 놓은 틀 안에서 할 수 있는 것들을 고민했다. 안정을 벗어난다는 건 불안을 마주하는 일과 같아서 더 큰 모험은 내가 그리는 미래의 후보에 없었다.

계획은 많은데 갈피를 잡기가 어려웠다. 친환경 육아 정보를 제공하는 SNS 채널을 만들어 운영하며 콘텐츠 플랫폼을 만들어 보고 싶었다. 창업 관련 지원 사업에 응모해 보기도 했다. SNS를 통해 비누 공동구매 제안이 들어와 해 볼까 했는데 내가 생각한 기준과 달라 거절했다. 제로웨이스트샵 안에서 숍인숍을 운영하는 것도 고려해 보았다. 많은 경우의 수를 놓고 고민할수록 더 결정하기가 어려웠다. 나의 이런 고민을 알고 있던 사장님은 어느 날 할 말이 있다며 잠깐 매장에 와 줄 수 있냐고 연락해 왔다. 2층 매장을 정리하고 1층으로 이전하려고 하는데 함께 운영해 보지 않겠냐는 제안이었다. 동업은 생각해 본 적이 없어서 잠시 멍해졌다. 이제 와 생각해 보면 그녀는 결정적 순간마다 늘 내게 새로운 제안을 했던 듯하다.

　　정말이지 제로웨이스트샵만큼은 할 생각이 없었다. 왜냐하면 돈이 안 된다고 생각했기 때문이다. 환경에 관심을 두고 제로웨이스트샵이 활성화되길 바라며 구매와 홍보를 자처하는 소비자였지만 직접 운영을 하고 싶지는 않았다. 내 돈을 들여 자본주의를 역행하는 듯한 이 일에 발을 들이게 되었을 때 과연 최소한의 노동력에 대한 보상을 받을 수 있을 것인가 의문이 들었다. 가치관이 달라졌다고 해서 현실적인 선택을 쉽게 할 수는 없는 일이었다. 솔직히 자신이 없었다. 그렇다면 계속 프리랜서로 패션 트렌드 분석 일을 할 것인가라고 스스로에게 물어보면 그것 역시 답은 아니었다. 고된 일에 몸과 마음이 지쳐 이미 마음이 떠나버렸다는 걸 알면서도 그저 일을 '연명'하고 있을 뿐이었다. 선택의 기로에 섰다. 언제 일이 들어올지 모르는 불안정한 프리랜서와 언제 손님이 올지 모르는 그보다 더 혹독하고 불안정한 사업 사이에서 갈등했다. 냉정하게 이성적으로 판단하고 싶었지만 아무리 생각해 봐도 답은 나오지 않았다. 그래도 선택해야만 했다. 내 앞에 펼쳐진 길이 안개처럼 흐려 안 보인다고 해도 더 이상 물러설 곳이 없었다. 실행하지 않고 마냥 꿈만 꿀 수는 없었다. 어느 곳으로든 발을 땅에 딛고 걸어가야만 다음 세계로 넘어갈 수 있다는 걸 직감했다.

약 한 달의 시간을 고민하고 또 고민했다. 마음이 시키는 대로 한다는 것 말고는 다른 답이 떠오르지 않았다. 다시 오지 않을 기회가 아닐까 생각했다. 살면서 누군가 내게 함께하자고 손 내밀 일이 몇 번이나 될까. 혼자 하는 것보다는 위험 부담이 적을 테고 지금이 아니면 흐지부지되어 결국엔 업을 전환하지 못할 것 같았다. 누가 봐도 돈이 안 되는 제로웨이스트샵 운영을 함께하자는, 나보다 열네 살이나 많은 그녀의 이야기가 계속 머릿속에 맴돌며 나를 괴롭혔다. 결국 내 마음의 손을 들어 주기로 했다. 딱히 묘안이 떠오른 건 아니었지만 뛰어들어 보자는 생각이었다. 그렇게 2023년 8월 프리랜서로서 마지막 프로젝트를 진행했고 13년간 몸담았던 나의 업은 막을 내렸다. 이와 동시에 새로운 일도 빠르게 진행되었다. 동업 계약서를 작성하고 상가 1층 카페 옆자리에 새로운 보금자리를 얻었다.

돈을 적게 벌겠다는 마음가짐은 아니었다. 친

환경 사업이 소수의 관심 영역이고 지구를 생각한다는 선한 의도가 있다고 해서 영리를 추구하지 않는 사회적 활동으로만 여겨지는 건 내가 원하는 바가 아니었다. 그런 방식으로는 자본주의 사회에서 살아남을 수 없다고 생각했다. 제로웨이스트 샵을 운영하는 일이 수익을 포기하거나 봉사 활동의 영역으로 남지 않기를 바랐다. 내가 그토록 원했던 친환경 문화를 활성화시키는 공간이 되어 당당히 인정받는 비즈니스가 되도록 만들어 보고 싶었다. 그래야 내 삶도 지속 가능하게 되고 내 일에도 비전이 생기는 거니까. 어려운 길이지만 그만큼 해냈을 때 더 큰 성취로 돌아올 거라 믿고 오픈 준비에 매진했다.

매장 오픈 일이었던 2023년 10월 4일의 하루 전날. 분주하게 매장을 정리하고 있는데 남편과 아들이 놀러 왔다. 아이는 무슨 생각이 들었는지 매장을 둘러보다 뜬금없이 나를 바라보며 "엄마, 나 먹여 살리는 거지요?"라고 물었다. 네 살짜리 어린아이의 말에 그 자리에 있던 모두가 실소를 터뜨렸다. 나 역시 뭐 이런 말을 하나 하며 웃어넘겼는데 그 말이 자꾸만 마음에 남았다. 남편과 나누는 대화를 들었을 수도 있고 그 의미를 다 알고 말한 건 아니겠지만 나에겐 묵직하게 다가왔다. 업은 단순한 자아 찾기가 아니니 책임감 있게 임해야겠다고 생각했다. 느리고 여유 있는 삶을 선택한 게 아니다. 치열하고 주체적인 삶으로의 전환이었다.

# 일의 루틴과 협업의 균형 찾기

모든 것이 낯설게 느껴졌다. 호기롭게 시작했지만 동시에 혼란스러웠다. 13년간 해 오던 익숙한 일과 이별하고 새로운 일에 도전하자니 다시 사회 초년생으로 돌아간 것 같았다. 내 사업을 하게 되면 신이 나서 날아다닐 줄 알았는데 전혀 아니었다. 회사에 처음 들어가면 인턴 기간을 거치듯 프로 자영업자가 되기 위해서도 적응 기간이 필요했다. 부동산을 계약하고 임대인과 인테리어 관련 협의를 하는 과정에서 나는 어리바리했다. 동업자가 없었다면 크게 놓치는 게 있었을지도 모르겠다는 생각을 할 정도로 나는 이 업계에서 신생아였다. 일하는 방식 또한 기존처럼 정해진 틀 안에서 기지를 발휘하는 방식과는 완전히 달랐다. 정답이 없는 일이라는 건 자유로운 만큼 스스로 답을 헤쳐 나가야 하는 막막함도 동반된다. 나는 망망대해에 띄워진 한 척의 작은 돛단배처럼 연약하고 불안했으며 작은 파도에도 쉽게 흔들렸다. 천만다행으로 나는 경험이 풍부한 동업자 덕분에 예방주사를 맞듯 큰 실수 전에 배울 수 있었고 항체가 생겨 내성을 기를 수 있었다. 이미 2년 동안 운영해 오던 상점을 이어받아 함께 운영할 수 있어 행운이었다. 상점의 이름이나 로고, 간판, 상품 구성, 매장 디스플레이가 어느 정도 갖춰져 있으므로 무에서 유를 창조하는 고단함이나 어려운 과정이 덜어졌다.

하지만 모든 일은 동전의 양면이 있기 마련이다. 이미 꾸려진 환경은 나의 마음을 불편하게 만드는 요소가 되기도 했다. 처음부터 내가 기획하고 만든 공간이 아니다 보니 내 옷이 아닌 다른 사람의 옷을 입은 것 같았다. 내게 잘 맞는 옷이란 예쁜 디자인이나 유명한 브랜드 같은 절대적인 기준이 아니라, 나에게 잘 어울리고 편안하다는 걸 의미하는데 마치 핏이 맞지 않는 옷을 입은 듯 어색했다. 마음에 들지 않는 부분이 있어도 일단은 받아들이고 익히는 과정이 필요했는데 그 시간을 견디는 게 쉽지는 않았다. 협업은 좋으면서도 어려운 일이었다. 물건을 입고시키거나 제품 제작에 대해서 의논할 때 나와 동업자는 서로 너무나 다른 생각과 취향, 의사소통 방식을 가지고 있다는 걸 깨달았다. 당연했다. 십 년 넘게 바쁜 일정이 몰아치는 조직 안에서 강도 높은 회의, 미팅, 출장, 문서 작업을 반복했던 나와 꾸준히 자영업을 하며 혼자서 의사 결정을 하고 문제를 해결해 왔던 동업자의 성향이 같을 리 없었다. 서로 지향하는 바는 같았지만 그 안에서 디테일을 바라보는 시각 차이가 컸다. 누가 맞다 틀리다고도 할 수 없는 주관적인 견해 차이가 때로는 마음을 힘들게 하기도 했다. 문제를 해결할 방법은 오직 하나, 시간뿐이었다. 서로 맞물려 있는 톱니바퀴가 제대로 돌아가려면 시간이라는 윤활유가 필요했다.

　그녀는 솔직한 편이었다. 자신의 생각을 마음에 담아 두지 않고 직설적으로 말했다. 은유적인 표현의 말과 글을 좋아했던 내게는 가끔 그것이 너무 강하게 느껴질 때가 있었다. 그 자리에서 결론을 내고 빠르게 의사 결정을 하는 방식 역시 회의와 협업을 통해 결과물을 만들어 냈던 나의 일하는 방식과 너무 달랐다. 전혀 나쁜 의도가 없는 말도 공격적으로 받아들이거나 자기방어적 태도로 흥분하게 되는 경우가 있었다. 달라도 너무 다른 동업자의 성향은 남편을 떠올리게 했다. 자신의 인생을 진심으로 열심히 살아가는 가치관이 나와 매우 닮아 있는 그는 사사로운 음악 취향이나 입맛이 놀라울 정도로 나와 달라 신혼 초 식사 시간에 자주 투닥거렸던 기억이 있다. 내가 좋아하지 않을 법한 것만 쏙쏙 골라 좋아하는 남편은 나를 종종 변덕쟁이 봄 날씨로 만들었다. 동업자와 함께 있을 때도 꽃샘추위 현상이 일어났다. 나의 마음은 초봄처럼 삼한사온이었다. 사흘은 추웠고 나흘은 따뜻했다. 그러다 이틀 춥고 닷새 따뜻해지고 하루 춥고 엿새 따뜻해졌다.

참 묘하게도 정반대의 성향으로 인해 우리는 퍼즐처럼 상호보완이 잘 되기도 했다. 굳이 일을 나누어 하지 않아도 각자 자신만의 분야가 나누어져 있음을 인지하게 되었다. 동업자는 손재주가 좋으며 자신의 생각을 바로바로 행동에 옮기는 실행력이 있었다. 대신 숨 쉬듯 온라인 활동을 이어가는 건 나의 영역이었다. SNS 채널을 통해 소식을 전하는 걸 넘어서 사람들과 소통하고 제로웨이스트 문화를 공유하는 플랫폼으로 만들고자 정체성을 하나씩 차근차근 쌓아 올렸다. 각자의 세계를 존중한 채 교집합을 키워 가듯 상점 안에서 동업자와 공존해 나가는 법을 배웠다. 나는 가끔 그녀가 나보다 열네 살이 많다는 걸 잊어버린다. 너무 동년배처럼 대하는 게 아닌가 싶은 미안함이 들 때도 있는데 그건 바로 그녀가 나를 열네 살 어린 사람으로 대하지 않기 때문이다. 우리는 서로 '흔적'과 '도드리'라는 닉네임으로 부르고 존대한다. 서로 공평하게 일하기에 각자의 사정을 봐주는 과정에도 나이의 많고 적음은 필요치 않다. 가끔 이런 생각을 한다. 나보다 열네 살 어린 사람과 동업하게 된다면 나는 그녀처럼 할 수 있을까. 솔직히 자신은 없다.

상점의 공동대표로서 인턴 기간이라 할 수 있는 첫 3개월을 치열하게 보내고 나니 제로웨이스트샵은 조금씩 익숙한 일상이 되었고 나름의 루틴이 자리 잡았다. 매일 아침 분주하게 아이를 유치원에 등원시키고 걸어서 상점으로 출근한다. 열쇠로 문을 열고 들어가 불을 켜고 포스기에 '영업 시작' 버튼을 누른다. 플레이리스트 목록에 좋아하는 음악들을 몇 곡 추가하고 블루투스에 연결시킨다. 커피포트에 물을 끓이고 다회용 면 드리퍼에 원두를 가득 붓는다. 따끈한 핸드드립 커피 한 잔을 들고 카운터 옆 요새처럼 숨겨진 작은 책상 앞에 앉아 노트북을 열면 그날의 업무가 시작된다. 아침 일찍부터 손님이 오는 경우는 드물기 때문에 컴퓨터 앞에 엉덩이를 붙이고 앉아 진득하게 시간을 보낸다. 메일함을 확인하고 SNS 채널을 관리하고 재고 체크를 하다 보면 오전 시간이 훌쩍 지나가 버린다. 정오쯤 도드리님이 출근하면 함께 점심을 먹고 상점의 중요한 일들을 의논한다. 오후엔 각자의 업무를 볼 때도 있고 단체 주문과 관련된 일들을 함께 처리할 때도 있다. 오후 네다섯 시쯤 아이를 데리러 가기 위해 먼저 퇴근하면 도드리님이 홀로 상점을 지키다 문을 닫는다. 바쁜 일이 있을 땐 더 일하기도 하고 일이 적을 땐 덜하기도 하며 일의 균형을 맞추고 있다. 아직 아이가 어리다 보니 평일에 일찍 퇴근하고 주말이나 공휴일에 교대로 출근하는 패턴이 일과 가정을 모두 돌보기에 수월하다.

이런 루틴이 유지될 수 있는 조건은 기본을 지키는 성실함이다. 우리의 균형은 둘 중 한 명만 성실하거나 한 명만 루틴을 지킨다면 무너지거나 불협 화음이 생길 수도 있다. 매장에 손님이 오지 않아도 매일 주어진 시간에 할 일을 찾아서 묵묵하고 성실하게 수행하는 게 무엇보다 중요하다. 가만히 앉아서 기다린다고 손님이 오는 것은 아니기에 그 시간을 허투루 보내면 더 앞으로 나아갈 수 없다. 빠르게 달려 나가지 않아도 멈추지만 않으면 꾸준함을 발판 삼아 새로운 일을 도모할 수 있다. 새롭게 제안이 들어온 일들을 논의하고 기획한 일들을 실행해 나가기 위한 밑거름이 되는 지난한 시간들을 보내는 데에 도드리님과 나는 이견이 없다. 서로의 사정을 배려하면서도 게을러지지 않았던 덕분에 괜찮은 균형점을 찾았다.

# 한때 유행했던 제로웨이스트

　찾아오기 힘든 2층에서 단골 많은 1층 카페 옆자리로 자리를 옮긴 덕에 지나가다 들어오는 손님들이 많아졌다. 오픈 기념 세일 땐 매장이 하루 종일 북적이기도 했다. 그동안 와 보고 싶었는데 어디인지 위치를 몰라서 못 왔었다고 이야기한 손님도 있었다. 2층에서 1층으로 옮겼을 뿐인데 그 차이는 꽤 컸다. 카페 옆으로 옮기길 잘했다고 생각했다. 공실이 많은 쇼핑몰 안쪽 자리지만 커피 맛있기로 소문난 카페의 오픈 시간을 기다리며 상점에 들어오는 손님들이 꽤 있었다. 건너편 피자집 손님이 음식을 기다리다 들어오기도 했다. 날씨가 따뜻한 봄과 여름엔 문을 활짝 열어 두고 매장 앞에 작은 테이블을 내놓고 물건들을 진열하기도 했다. 정말 작은 캠핑용 테이블이었지만 손님들의 눈길을 끌어 매장으로 들어오게 하는 큰 효과가 있었다.

하지만 어디까지나 날씨가 좋은 봄, 가을의 이야기였다. 찬바람이 불고 슬슬 추워지니 매장에 오는 손님의 발걸음이 반 이하로 뚝 끊겼다. 경기는 늘 안 좋았고 겨울도 언제나 추웠지만 그보다 더 혹독하고 춥다는 제로웨이스트샵의 겨울은 차갑게 꽁꽁 얼어붙어 있었다. 처음부터 알고 있었고 각오했던 부분이었지만 실제로 냉혹한 현실을 마주하자 마음이 움츠러들었다. 설상가상으로 많은 제로웨이스트샵들이 문을 닫았다. 서울, 지방 할 것 없이 들려오는 연이은 폐업 소식에 마음이 쓸쓸해졌다. 잘되던 곳도 영업을 그만둘 정도로 상황이 좋지 않았다. 내가 너무 적극적인 제로웨이스트 소비자였고 SNS에서는 나와 비슷한 사람들과만 소통했기 때문에 오히려 체감을 잘 못했다. 생각보다 환경에 대한 사람들의 관심은 적고, 꾸준히 실천하는 사람들은 그보다 더 적다는 것을. 지난 몇 년간 제로웨이스트샵의 수는 일시적으로 증가했었는데 어느 순간부터 오픈 소식보다 폐업 소식이 더 많이 들려오기 시작했다. 남들이 다 그만두는 타이밍에 발을 들인 건 과연 잘한 일일까. 괜한 선택을 한 건 아닐까. 혼란스러웠다.

상점 근처 호수공원에서 행사가 있어 플리마켓 셀러로 참여한 적이 있다. 열매를 그대로 말린 천연 수세미는 일반 마트에서 흔히 볼 수 있는 물건이 아니므로 언제나 지나가는 사람들의 시선을 사로잡는다. 어르신들은 예전에 밭에서 키웠었다고 반가워하시고 젊은 사람들은 자연에서 온 작물로 설거지한다는 걸 신기해하며 바라본다. 이것저것 묻기도 하며 써 볼까 말까 고심한다. 그날은 한 손님이 천연 수세미를 보더니 반갑게 다가와 내게 잊지 못할 말을 남겼다.
"이거 한때 인스타에서 유행했던 거잖아요!"
'유행했던 거'라는 표현이 내 마음에 들어와 콕 박혔다. 처음엔 잘못 들은 건가 싶었다. 천연 수세미를 놓고 생각해 본 적 없는 표현을 듣게 되어 머리가 잠시 멍해졌다. 유행'했던' 거라는 과거

형이 서운하게 느껴지기도 했다. 그 손님은 별 악의 없이 느끼는 그대로를 이야기했을 뿐인데 내게는 진한 잔상을 남겼다. 그냥 넘길 수도 있을 말이 마음에 남은 이유는 그 말이 사실이라서일 수도 있다. 아크릴 수세미가 보편화되기 아주 오래전, 어르신들은 밭에서 나는 열매 수세미로 설거지를 했다. 하지만 공장에서 온갖 화려한 플라스틱 수세미들이 대량생산되어 쏟아져 나오며 천연 수세미는 사람들에게서 잊혀 갔다. 그러다 시간이 흘러 제로웨이스트와 미니멀 라이프가 유행하고 사람들이 친환경 제품에 관심을 갖게 되면서 살림 인플루언서들 사이에서 천연 수세미가 핫한 아이템이 되었다. 열매 수세미를 잘라 설거지하고 집게에 걸어 말리는 모습이 숏폼 콘텐츠에서 흥했다. 천연 수세미의 비주얼은 '미니멀 살림'을 돋보이게 하는 데 아주 좋은 도구였다. 자연스러운 모양과 색, 환경에 무해한 이미지와 가치 추구, 특별한 경험과 사용법을 제공할 수 있다는 점에서 SNS에서 흥할 수 있는 모든 조건을 다 갖추었다. 원인과 경로가 어떻든 친환경 문화가 흥하고 천연 제품이 유행한다는 건 반가운 일이다. 덕분에 많은 사람들이 의무감이나 죄책감 같은 마음의 장벽을 느끼지 않고 천연 수세미에 관심을 갖게 되었으니 오히려 잘된 일이라고 할 수 있다. 하지만 끊임없이 신제품이 쏟아져 나오는 세상에서 천연 수세미의 유행은 더 확산되지 못하고 너무나 짧게 끝나 버렸다. 소비될 만큼 소비되고 나니 더 이상 관심의 대상이 되지 못했다. 소비의 기능은 취향이나 쾌락 추구, 편의성 등 다양하기에 환경을 생각하는 선한 가치만 내세워서는 부족하다고 생각했고 그래서 제로웨이스트가 유행하기를 간절히 바랐었다. 하지만 길게 유행해 대중화되길 바랐지 짧게 쓰고 버려지는 핫 아이템이 되길 원한 건 아니었다.

제로웨이스트가 지향하는 소비는 지구에 덜 유해한 천연 제품을 아껴서 오래오래 쓰자는 의미를 담고 있다. 충동구매를 지양하고 새 물건을 자주 들이지 않으며 물건의 사용 주기가 최대한 길어질 수 있게 노력하는 삶의 방식이다. 쉽게 사고 버리는 요즘의 소비 패턴과는 정반대에 서 있는 느린 소비이다. 하지만 이 지속 가능한 소비의 방식은 자본주의 사회로부터 친환경 제품이 선택받기 어려운 이유가 되기도 한다. 천연 수세미는 언제나 그 모습 그대로다. 다른 방식으로 가공하지 않는 한 비슷한 모양새와 색을 띠고 있을 수밖에 없다. 과도한 자극을 추구하고 쉽게 싫증을 내는 사회에서 변하지 않는 가치는 지루하게 느껴질지도 모르겠다. 우리 사회는 자연이 주는 식재료에서마저도 쉽게 싫증을 느낀다. 과일은 원래 모양과 크기가 제각각이고 조금 울퉁불퉁한 게 당연한 건데 획일적으로 균일하고 예쁘지 않으면 유통 자체가 어렵다. 편의를 위해 씨를 없애고 맛을 위해 당도를 높이며 새로운 매력을 위해 품종을 개량한다. 이런 현실 속에서 본질을 추구하는 것만으로 살아남을 수 있을까. 한때 유행했던 것에서 벗어나 모두가 공감하는 주류 문화가 될 수 있을까. 분명 자신이 있었는데 너무 허황된 꿈을 꾼 건 아니었나 싶은 생각이 들었다.

혼자서 실천할 땐 기준이 매우 높았다. 배달 음식은 물론이고 일회용 컵에 담긴 커피를 마시는 일이 일 년에 단 한 번도 없었다. 물티슈는 이 세상에 없는 물건이었고 친환경 제품이라고 해도 쉽게 사지 않았다. 소창 행주가 찢어질 때까지 새것으로 교체하지 않았고 더 이상 쓸 수 없는 건 청소할 때 걸레로 썼다. 비누 조각이 손톱보다 작아져도 탈탈 털어 끝까지 다 써야 직성이 풀렸다. 근데 그게 어렵지 않았다. 처음이야 어려웠지 습관이 되고 나니 전혀 어려운 일이 아니었다. 애쓰지 않아도 외출 전엔 손수건을 챙기는 게 자연스러웠다. 개인의 실천은 방해하는 사람이 없고 나만 잘하면 되니까 오히려 쉬웠다.

하지만 업이 되어 많은 사람을 만나는 일은 조금 달랐다. 제로웨이스트샵에는 환경에 대해 관심이 많은 사람도 오지만, 적은 사람도 오고, 잘 모르는 사람도 오고, 지나가다 무슨 가게인지 모르고 구경하러 오는 사람도 있다. 비누 쓰는 게 불편하다고 말하는 사람도 있고 친환경 제품은 너무 비싸다고 말하는 사람도 있다. 매장을 둘러보다 아무것도 사지 않고 그냥 나간 손님이 커피 한 잔을 일회용 컵에 담아 와서 주고 간 적이 있었다. 아무것도 안 사고 그냥 가기가 미안해서 사 왔다고 하는데 고마우면서도 복잡한 감정이 교차했다. 엄격한 제로웨이스트와 느슨한 레스웨이스트

사이 어느 지점이 적당할까. 어떻게 해야 자연스
럽게 이 세계로 좀 더 많은 사람들이 넘어올 수 있
을까. 한때 유행'했던' 것이 되지 않으려면.

# 제로웨이스트샵과 독립서점의 닮은 점

아주 오랜만에 독립서점에 갔다. 한때는 책방을 운영할 사람처럼 독립서점을 돌아다니고 서점 운영과 관련된 책들을 읽고는 했다. 작은 규모의 사적인 공간이 주는 분위기를 좋아했고 어떤 책을 만날지 모른다는 우연성이 마음에 들었다. 주제별로 모아진 책들을 보면 책방 주인의 성향과 관심사가 묻어 나왔다. 책방을 경험하는 방식도 제각각이었다. 무인 책방도 있고 앉아서 필사를 하는 공간도 있고 카페처럼 운영하는 곳도 있는데 그 다름을 들여다보는 재미가 쏠쏠했다. 작은 경험들이 쌓여 내게 영감이 되는 듯했다. 동네에 독립서점이 없는 줄 알고 그때의 감각을 다 잊어버린 채 살다 우연히 가까운 곳에 작은 책방이 있다는 걸 알게 되었다. 오래된 주택과 상가 건물이 모여 있는 구도심 끝자락, 한 초등학교 근처에 서점이 있었다. 그날은 아파트로 둘러싸인 신도시에 사는 아이에게 골목길의 재미를 알려주고 싶던 날이었다. 꼬불꼬불 이어진 좁은 길을 걸으며 구경하다 붕어빵을 사 먹었고 오래된 공중 전화기도 발견했다.

조용한 서점에 아이의 손을 잡고 조심스레 들어가 책을 구경했다. 차분히 책들을 살펴보고 싶었지만 호기심이 넘치는 아이의 성화에 어쩔 수 없이 소파에 앉아 책을 읽어 주기 시작했다. 서점만의 특별한 가이드라인은 보이지 않았고 늘 그랬듯 보다가 적당히 한두 권쯤 책을 살 계획이었다. 아이가 좋아할 책을 만나면 더 좋겠다고 생각했다. 책방 안에 긴 테이블과 주방이 보였지만 딱히 메뉴판이 보이지 않아 카페는 아니라고 생각했다. 아이는 다음 책도 읽어 달라고 했고 20~30분 정도의 비교적 긴 시간 동안 책방에 머물렀다. 그러다 어느 순간 책방 사장님이 다가와 책을 계속 보시는 거냐고 물었다. 처음엔 그 질문이 어떤 뜻인지 몰라 어리둥절했다. 너무 책을 오래 봐서 불편하신 건지 아니면 책을 열어 보면 안 되는 건지 말뜻을 파악하지 못했다. 내가 놀란 표정을 하자 사장님은 더 당황한 표정으로 "아니에요. 제가 괜한 말을…"이라며 말끝을 흐렸다. 알고 보니 이곳은 책을 구매하는 책방이기도 하지만 음료를 시키고 책을 보는 북카페를 겸하고 있었다. 그러니 음료도 시키지 않고 오랫동안 앉아서 책을 보는 손님이 당황스럽고 난처했던 모양이다. 책방의 사용설명서는 벽 한쪽에 작게 쓰여 있었는데 그걸 못 보고 놓쳤던 거다. 죄송스러운 마음에 서둘러 커피를 주문하고 책을 읽다 두 권의 책을 사서 나왔다.

마음이 좋지 않았다. 일반적인 가게나 카페에서 느껴 본 적 없는 감정이었다. 독립서점이 경제적으로 성공적인 비즈니스 모델이 아니라는 건 알고 있다. 대형서점처럼 할인도 어렵고 종이책 소비가 예전보다 많이 줄었기에 서점임에도 불구하고 책만 팔아서는 살아남을 수 없는 구조라는 것 또한 잘 알고 있다. 그럼에도 독립서점을 하는 사람들은 존재한다. 그들이 무엇을 원해서 이런 선택을 하는지 자세히 그 내막을 알지는 못한다. 어쩌면 애초에 돈을 잘 못 벌 거라는 걸 알고도 선택하는 것일지도 모른다. 골목길에 독립서점이 있다는 건 그 동네에 작게라도 문화가 꽃피우고 있다는 걸 의미한다. 책방이 없는 반듯하게 자른 듯한 도심에서 독창적인 창의성이 나오기란 어려운 법이다. 그 아날로그적인 경험이, 대형서점에도 다 있는 책들 중 일부만 골라 좁은 곳에 모아 둔 비효율이 곧 감성이고 문화고 기억이다. 그래서 독립서점은 사업이지만 사업이 아닌 것 같은 이상한 느낌을 준다.

제로웨이스트샵을 운영하는 사람이 되어 다시 독립서점을 바라보니 이 둘은 어쩐지 닮아 있다는 생각이 든다. 판매하는 상품도, 제공하는 서비스도 모두 다르지만 묘하게 너무나 많은 교차점을 공유한다. 둘은 모두에게 편의를 제공하는 필수품은 아니지만 더 나은 것을 주는 장소라는 이미지가 강하다. 여기서 더 낫다는 건 가격이나 품질을 이야기하는 것이 아니라 경험이나 삶의 방식 같은 것을 이른다. 삶에 있어 중요한 것들이지만 눈에 보이고 손에 만져지지 않기에 마치 실체가 없는 것처럼 인정받지 못하는 비효율의 상징들. 어쩐지 느리고 여유 있는 마음을 가지고 있을 것 같고 돈은 좀 안 되는 것 같은 일. 그게 바로 독립 서점이고 제로웨이스트샵이다.

"독서는 고급스러운 취미 같아."

서점을 나서며 남편이 말했다. 요즘은 독서에 예전에는 없던 새로운 이미지가 생겼다. 평범한 것이 아닌 소수의 취향, 혹은 힙한 것을 드러내기 위한 마니아적인 행위가 그것이다. '텍스트힙'이라고 유행처럼 부른다. 빠르게 전환되는 화면의 도파민 중독 시대에 느린 집중력을 요하는 독서는 정말로 고급스러운 취미인 걸까. 독서를 학습이나 자기 계발이라고만 바라보면 어렵고 재미없는 허세에 불과하다고 느낄지도 모르겠다. 책 한 권 읽을 시간을 주지 않는 바쁜 현실에서 책을 꼭 가까이할 필요가 없다고 여기는 사람들도 많다. 하지만, 누군가가 공을 들인 세계를 들여다보는 건 지식을 쌓는 것 그 이상의 차원이다. 긴 호흡의 글이 주는 힘은 분명 있다. 여태껏 단편의 글만 써 왔던 내가 지금 이렇게 나의 첫 책을 쓰는 순간이 되어

서야 나의 내면을 차례로 풀어놓게 되는 것처럼.

『유령서점』이라는 책에 사람들은 아파야 책을 들여다본다는 말이 나온다. 내가 책을 읽는 이유는 아프기 때문이라고 남편에게 말했다. 정말로 건강이 좋지 않거나 마음이 병들었기 때문이 아니다. 살아가면서 마음이 정리가 안 될 때, 앞으로 나아가지 못하는 것처럼 답답할 때, 감정 조절이 어렵고 우울해질 때 누군가가 펼쳐 놓은 세계를 들여다보면 위안이 되고 환기가 된다. 책 한 장 읽지 못하는 날들이 연속으로 이어지면 뭔가 아무 생각 없이 시간을 그냥 흘려보내는 느낌이 든다. 잠깐이라도 책을 읽고 나면 정신없이 지내는 매일에 마침표를 찍은 것 같아 마음이 편해진다. 일기를 쓸 때 느껴지는 안정감과 비슷하다.

여유가 있으니 환경도 돌아볼 수 있는 거라는 남편의 말에 기분이 나빴던 적이 있다. 나는 분명 환경을 생각하는 마음으로 애쓰는 건데 나의 노력을 '여유'라는 단어로 수식하는 게 거슬렸다. 그런데 시간이 지날수록 그 말이 틀리지 않았다는 생각을 하게 되었다. 미친 듯이 야근하며 끼니도 제대로 챙기지 못했던 그 시절의 내가 환경 관련 책 한 권 읽었다고, 다큐 한 편 봤다고 과연 생활을 바꿀 수 있었을까. 내 삶이 팍팍하면 나 이외의 주변의 것들을 생각할 마음이 생기지 않는다. 복잡한 서울을 떠나 더 넓은 보금자리를 찾게 된 후 나 자신을 찬찬히 돌아볼 수 있게 되었다는 것만큼은 부정할 수 없는 사실이다. 나를 돌아보고 아끼고 나서야 비로소 주변이 보였다. 여유가 반드시 경제적 수치를 의미하는 건 아니다. 돈이 많아도 마음이 앞서고 조급하게 살아가는 사람에게선 여유를 찾아볼 수 없다. 편의를 배제하는 모든 것들이 불편함으로 다가온다.

제로웨이스트샵과 독립서점에는 불편함과 특별함이 공존한다. 그런데 그 물리적인 불편함이란 정말로 불편한 걸까? 요가를 하기 위해 예쁜 요가복을 챙겨 입고 나가는 것을 불필요한 행위라고 느끼는 사람은 드물다. 사람들은 자신이 좋아하면 편한 호텔을 놔두고도 캠핑 장비를 이고 지고 가서 몸 고생을 자처한다. 온갖 취미와 취향은 즐겁다는 이유 하나로 모든 수고스러운 과정을 다 인정해 준다. 그런데 왜 '선한 의도'는 어렵고 불편한 것으로 정의되어야만 하는 걸까. 빠르게 돌아가는 세상에서 느린 방식이 주는 특유의 분위기는 외면당하기 십상이다. 그럼에도 불구하고 이 척박한 땅에 굳이 발을 들여놓는 사람들이 있다. 누가 봐도 돈이 안 될 것 같은데 이걸 하고 싶어 하는 사람들이 있다. 그들은 눈에 보이지 않는 가치를 사람들에게 알리고 경험하게 하기 위해 할 수 있는 모든 걸 하며 공간을 운영한다. 독서모임과 북토크를 열고 카페나 술집을 겸하는 작은 책방들처럼, 제로웨이스트샵도 환경 강의, 공예 수업, 상품 제조와 판매까지 할 수 있는 모든 것들을 하며 자리를 지키고 있다.

아이가 이제 그만 밖으로 나가고 싶다고 해서 서점에서 급히 나와 바로 앞 초등학교 놀이터로 향했다. 신발을 벗어던진 아이는 낙엽이 수북이 쌓인 모래 위를 맨발로 밟으며 그네도 타고 정글짐에도 올라갔다. 그 모습이 너무 가볍고 자유로워 보여 순간 부럽기까지 했다. 아 맞다. 내가 원하던 감각이 이런 거였지.

# 다 쓴 용기를 들고 오는 이유

제로웨이스트는 숫자 0을 뜻하는 '제로(zero)'
와 '낭비하다'라는 의미의 '웨이스트(waste)'가 합
쳐진 합성어로 불필요한 낭비를 제로에 가깝게 줄
인다는 의미다. 이 용어는 1980년대 급격한 산업
화로 인한 쓰레기 문제를 해결하기 위해 자원순환
시설을 설립한 다니엘 냅(Daniel Knapp)의 '토탈 리
사이클링(Total Recycling)' 개념에서 처음 사용되었
다. 미국 전역의 지방 자치 단체는 이 개념을 퇴비
화, 재활용 및 폐기물 전환 프로그램의 목표로 삼
고 운영하며 캠페인을 진행해 왔다. 제로웨이스
트가 개인의 일상생활에 초점을 맞춘 사회적 운

동으로 본격화된 건 2010년대부터다. 캘리포니아에 거주하는 프랑스계 미국인 여성 베아 존슨(Bea Johnson)은 2008년부터 자신의 블로그인 'Zero Waste Home'에 가족과 함께 쓰레기 줄이기를 실천하는 과정을 공유하기 시작했고 그녀가 1년 동안 배출한 쓰레기를 단 한 개의 작은 유리병에 담아 공개해 화제가 되었다. 그녀의 이야기가 뉴욕타임스에 실리면서 제로웨이스트는 미국 전역을 이어 전 세계로 퍼져 나가 하나의 거대한 환경 운동이 되었다. 우리나라에도 제로웨이스트샵들이 생겨나고 환경에 대한 관심이 높아지며 제로웨이스트는 많은 사람들에게 익숙한 단어이자 가치 있는 라이프스타일로 여겨지기 시작했다. 하지만 0이라는 숫자가 주는 완벽함에 마음의 부담을 느끼는 사람들도 많아, 그보다 덜 엄격한 '실천 가능한 범위 내에서 쓰레기를 줄이는 것'을 의미하는 '레스 웨이스트(less waste)'라는 단어도 생겨났다.

인간이 살면서 쓰레기를 전혀 만들어 내지 않는 것은 불가능하다. '제로 트래쉬(zero trash)'가 아닌 '제로 웨이스트(zero waste)'인 이유다. 제로웨이스트샵에서 물건을 사도 쓰레기는 나올 수 있다. 비누를 감싸고 있는 종이 포장재도, 다 쓰고 난 대나무 칫솔도 결국 쓰레기가 된다. 물론 이때의 쓰레기는 일반 마트에서 파는 플라스틱 포장재에 담긴 칫솔과 비교할 수 없을 만큼 적은 양으로 배출되고 자연으로 돌아가 분해되는 속도도 훨씬 빠르다. 이렇듯 제로웨이스트 실천은 완벽할 수 없지만 쓰레기 생산량을 큰 폭으로 줄일 수 있는 친환경 생활이자 소비 방식이다. 하지만 리필 스테이션에서는 쓰레기가 조금도 나오지 않는 완벽한 제로웨이스트 즉, '제로 트래쉬'가 가능하다. 집에서 다 쓴 용기를 가져오면 알맹이만 담아 세제를 구매할 수 있는 리필 스테이션은 제로웨이스트샵의 꽃이고 상징이다. 그 어디에서도 할 수 없는 경험이고 가치소비다.

단순히 편의를 놓고 생각해 보면 제로웨이스트는 세상에서 가장 불편한 소비일 수도 있다. 일단 집에서 다 쓴 세제 통이나 용기를 깨끗이 세척하고 말려야 한다. 집에서 나서기 전에 그 용기들을 미리 챙겨서 들고 가야 하고 제로웨이스트샵에

오면 세제를 담고 무게를 재는 과정을 거쳐야 한
다. 진열칸에 있는 세제를 손으로 집어 들어 카트
에 넣고 계산하면 끝인 마트의 구매 방식에 비해
훨씬 더 많은 시간과 에너지를 필요로 한다. 새벽
배송과 당일 배송이 보편화된 시대를 역행하는 모
양새다. 바쁜 현대 사회에서 누가 이런 불편함에
돈을 쓸까.

그런데 이상하게도 불편함을 무릅쓰고 용기
를 들고 리필하러 오는 사람들이 있다. 그들은 매
장에 들어와 가방에서 준비한 용기를 주섬주섬 꺼
내어 세제를 담고 무게를 잰다. 처음엔 모르고 왔
더라도 리필 스테이션을 알게 된 후 다음 방문에
용기를 준비해 와 세제를 구매하는 손님도 있다.
다 쓴 생수병, 샴푸통, 분유통 등 용기도 제각각
이다. 서로 다른 용기에 담아 가는 손님들의 모습
을 보고 있으면 재미있기도 하고 고맙기도 하다.
가끔 용기를 깜빡하는 손님들이 있어서 매장에는
깨끗이 세척하고 건조한 재사용 용기들도 비치해
두고 있다.

사람들이 리필 스테이션을 이용하는 이유는
주로 두 가지다. 첫 번째는 앞서 이야기했듯 쓰레

기를 줄일 수 있다는 점이고 두 번째는 합성 화학 물질이 들어가지 않은 안전하고 친환경적인 세제를 구매하기 위해서다. 일반적으로 마트에서 판매하는 세탁 세제나 주방 세제는 기능과 향을 강조하며 광고하지만 실제로는 합성 향료, 합성 계면활성제 등 건강과 환경에 좋지 않은 성분이 들어가 있는 경우가 많다. 친환경이라는 개념은 제품의 포장재에만 국한되는 게 아니기 때문에 제로웨이스트샵에서 취급하는 세제들은 대체로 식물 유래 성분으로 만들고 인공적인 화합물도 넣지 않는다. 아이를 키우거나 알레르기가 있거나 하는 등 여러 가지 이유로 안전하고 건강한 친환경 세제에 관심을 갖는 움직임이 많아지고 있다. 이러한 변화는 사람들을 리필 스테이션으로 모이게 만드는 힘이 된다. 여기에 장점을 하나 더 추가하면 바로 저렴한 가격이다. 플라스틱 용기값이 빠진 만큼 좋은 세제를 저렴한 가격에 구매할 수 있다. 탄소중립 포인트에 가입되어 있는 경우 1회 구매당 2천 원의 적립금을 통장으로 돌려받을 수 있으니 짠테크가 유행인 고물가 시대에 흔치 않은 혜택이라고 할 수 있다.

어느 여름날 20분이 넘는 거리를 걸어와 대량의 세제를 용기에 담아 갔던 손님이 있었다. 가끔 오는 단골손님이다. 2리터짜리 대용량 용기 3개와 펌핑 용기 2개를 가져와 세탁 세제, 주방 세제, 섬유유연제를 리필했다. 너무 무거워 보여 퇴근 후 차로 배달해 드리겠다고 했는데 그는 그것도 마다하고 땀을 뻘뻘 흘리며 상점 문을 나섰다. 감사하면서도 안쓰러운 마음에 용기를 들고 가는 손님의 뒷모습을 하염없이 바라봤다. 마음이 뜨거워졌다. 누구도 이렇게 힘들게 세제를 구매하라고 시키지 않았을 테지만 그럼에도 이렇게 행동하는 이유를 알고 있기에, 마치 내 모습을 보는 것 같아 뭉클했다. 동시에 힘이 났다. 이게 바로 제로웨이스트샵의 존재 이유다. 실제로 쓰레기를 줄이는 효과를 내는 것뿐 아니라, 소비를 단순히 충동적이고 편의적인 물건 구매 행위로만 보지 않게 하는 것. 물건이 버려진 후에 오랫동안 지구에 미칠 영향까지 생각하게 하는 것. 그러니 제로웨이스트샵은 물건을 파는 게 아니라 지속 가능한 생활 방식을 판매하는 곳인 셈이다.

　　다 쓴 화장품 용기를 들고 망원동 제로웨이스트샵 '알맹상점'에 가서 수분크림을 산 적이 있다. 이태원 제로웨이스트샵 겸 비건 카페인 '노노샵'에서는 미리 준비해 간 유리 용기에 아몬드 버터를 즉석에서 갈아서 담아 왔다. 리필이 일상이 된 내겐 불편함이 아니라 즐거움이었다. 그리고 이 즐거움은 널리 알리고 자랑하고 싶은 특별한 경험이었다. 리필 소비가 주는 또 하나의 장점은 바로 계획 소비가 가능하다는 점이다. 집에서 출발하기 전 어떤 걸 살지 미리 알아보고 용기를 준비하는 과정에서는 자연스럽게 신중함이 생긴다. 딱 들고 간 용기만큼만 구매하게 되는 소비 습관은 버튼 하나로 집 앞까지 배달되는 다급한 소비에 제동을 걸어 준다. 서촌의 친환경 카페 '얼스어스'는 밀폐용기를 가져와 케이크를 담아 가는 게 하나의 상징이자 문화가 되었다. 휴지 한 장 제공하지 않는 카페에 두 번이나 웨이팅만 하다 사람이 너무 많아 돌아섰지만 그래도 괜찮았다. 이 불편함을 힙한 문화로 만들어 사람들에게 재미가 되고 경험이 되도록 할 수만 있다면.

# 인친이 여기까지 왜 찾아와

'흔적'이라는 이름의 인스타그램 계정 팔로워 목록에는 친구나 지인보다 나처럼 제로웨이스트를 실천하는 사람들이 더 많다. 처음 계정을 만들었을 땐 나의 실천을 기록하고 알리는 목적이 컸는데 계정을 운영하면 할수록 소통의 재미를 느꼈다. 친환경 브랜드나 기업, 환경 운동가, 카드뉴스 계정들을 팔로우하며 다양한 환경 콘텐츠를 접할 수 있다는 것도 좋았지만 결정적으로 내가 힘을 얻은 건 나처럼 각자 자기 자리에서 환경에 관심을 갖고 실천하고 있는 개인으로부터였다. 그들 중엔 나와 같이 아이를 키우는 엄마들도 있었고 학교 선생님도 있었다. 연령과 성별, 직업이 모두 다양한 사람들이었고 친환경 라이프를 실천하는 방식도 각양각색이었다. 누군가는 그림을 그리고 또 다른 누군가는 환경 정보를 간추려 전해 주기도 했다. 계정을 처음 만들었던 시기엔 일을 잠시 쉬고 육아만 하고 있을 때라 사람 자체가 그리웠고 SNS 소통이 고단한 육아를 이겨 내는 데 큰 위안과 힘이 되었다. 하루 종일 집에서 아이와 함께 하지만 내 계정에만 들어가면 사회와 연결된 것 같은 느낌이 들었다.

환경을 생각하는 마음 하나로 모인 가상의 공간에서는 누군가의 과시로 인해 타인의 삶과 나를 비교한 뒤 우울해지는 일 따위는 없었다. 누가 어디에서 플로깅을 했는지, 어떻게 쓰레기를 줄였는지 등 실천에 관련된 즐거운 이슈만 있을 뿐이었다. 현실에선 아무도 내게 환경에 왜 관심을 갖게 되었는지 묻지 않았다. 가치관이 바뀐 건 직장을 옮기는 것보다도 중대한 내 삶의 터닝포인트인데 남들에겐 그것이 주말에 잠깐 다녀온 나들이보다 더 사소하게 느껴지는 듯했다. 그저 핑크색을 유난히 좋아하는 취향처럼 나만의 독특한 특징 정도로 여겨질 뿐이었다. 나는 '물티슈를 안 쓰는 사람' 혹은 '고기를 안 먹는 사람' 정도의 존재였다. 마치 원래부터 그런 사람인 것 같은 분위기였다. 내 생각을 이야기하고 싶었지만 좀처럼 기회가 없었다. 단편적인 질문을 받는 경우는 있었지만, 속 깊은 대화로 이어지지는 않았다. 인스타그램에선 나의 작은 행동 하나하나에도 관심을 갖고 물어봐 주는 사람들이 많았다. 온통 그런 인친(인스타그램 친구)들로 가득했다.

어느 날 자주 소통하던 인친 중 한 사람에게서 내게 아이 물건을 보내 주고 싶다고 연락이 왔다. 한 번도 경험해 본 적 없는 일이라 처음엔 어리둥절했다. 알고 보니 그는 우리 아이보다 4살 위 아들을 키우고 있었고 운동화와 수영복 등 아이가 쓰던 물건을 물려주고 싶은 모양이었다. 아이의 모든 옷과 장난감을 중고로 구매하고 있던 나는 흔쾌히 받겠다고 했고 얼마 뒤 집 앞에 택배 상자가 도착했다. 상자가 생각보다 너무 커서 놀랐는데 안을 열어 보니 더 놀라움의 연속이었다. 깨끗이 빨아 둔 운동화, 수영복, 앞치마, 그림책 등 아이 물건은 물론이고 고체 치약, 비누 등 친환경 제품이 가득 들어 있었다. 실제로 한 번도 얼굴을 마주한 적이 없는 사람에게 어떻게 이런 마음을 건넬 수 있을까. 신기하면서도 기분이 너무 묘했다. 그런데 얼마 지나지 않아 또 다른 인친에게서 연락이 왔다. 딸이 입던 옷과 신던 신발을 보내 주고 싶다고 했다. 보내 온 물건들은 오래되었지만 새것처럼 상태가 좋았다. 그냥 버려졌으면 너무나 아까웠을 물건들이었다. 그 안에는 딸을 위해 만들었던 면 마스크도 있었다. 친구나 지인에게 물려주지 않고 이렇게 멀리 있는 사람에게 물려주는 마음이란 어떤 걸까. 아이가 조금 자란 뒤 출산 예정인 인친에게 아이 물건들을 보내 주면서 비로소 나도 깨닫게 되었다. 물려 쓰는 걸 좋아하지 않는 사람도 있기에 그 가치를 알고 잘 써 주는 것도 고마운 일이라는 걸. 환경을 생각하는 마음을 공유하고 서로의 실천을 지켜봐 온 사이의 유대감은 생각보다 끈끈하다.

내가 제로웨이스트샵을 하게 되었다는 소식을 알렸을 때 많은 축하를 받았다. 쉽지 않은 일이라는 걸 이미 아는 인친들은 '용기 있다', '대단하다', '응원한다'와 같은 메시지들을 보내 줬다. 돈

안 될 것 같은 일을 선택한다는 식의 시선은 전혀 없었다. 그저 뜨거운 마음으로 전폭적인 지지를 보내 주었다. 그중 몇 분은 실제로 상점에 찾아오기도 하고 전화로 연락해 물건을 주문하기도 했다. 몇만 팔로워가 있는 유명 인플루언서도 아닌데 내가 하는 상점을 찾아온다는 게 누군가에겐 의아한 일처럼 보일지도 모르겠다. 사실 나도 놀랐다. 환경에 대한 관심을 '그들만의 리그'로 바라보는 사회에서 외로운 실천자들은 이렇게 서로가 서로를 응원하며 실제로 만나지 못하더라도 내적으로 가까이 지낸다.

아이와 함께 환경 전시를 보러 박물관에 갔을 때의 이야기다. 짧은 환경 영상을 보고 있는데 어떤 여자아이가 와서 우리 아이 옆에 앉았다. 우리 아이보다 한 살쯤 많은 누나 같았는데 둘은 몇 마디 나누더니 박물관을 함께 걸어 다니며 구경하는 게 아닌가. 아이들은 금세 친해진다더니. 외향적인 아이들 뒤를 남편과 나는 어색하게 졸졸 쫓아다녔다. 그 여자아이는 오빠, 엄마와 함께 박물관에 왔었고 우리 아이가 누나랑 헤어지기 싫다

머 집에 가는 길 출입구까지 따라갔던 기억이 있다. 집에 돌아와 박물관에 다녀온 이야기를 업로드하려다 무심코 그 박물관을 태그로 검색했는데 어디선가 익숙한 느낌의 사진을 발견하게 되었다. 알고 보니 박물관에서 만났던 그 여자아이 엄마의 인스타 계정이었다. 피드를 살펴보니 미니멀 라이프를 즐기며 환경에 관심이 있는 분이었다. 신기한 우연이 반가워 팔로우했고 소통하게 되었는데 그분이 상점을 오픈하고 찾아온 나의 첫 번째 인친이 되었다. 다 먹은 대용량 요구르트병을 여러 개 가져와 세제를 잔뜩 리필해 가는 그녀의 뒷모습을 보는데 고마운 마음에 눈시울이 붉어져 버렸다. 그 후 그녀와 신기한 인연이 하나 더 생겼는데 다름 아닌 '21% 파티'에서의 만남이었다. 다시입다연구소에서 진행하는 21% 파티는 옷장 속 입지 않는 옷들의 21%를 가지고 나와 서로 교환하는 친환경 행사다. 내가 가져온 옷의 개수만큼 다른 사람의 옷을 살 수 있는 쿠폰이 발급된다. 인천에서 진행했던 21% 파티에 나는 입지 않는 옷 세 벌을 가져갔고 다른 사람들이 가져온 여러 벌의 옷 중 까만 바탕에 꽃이 그려진 주름치마를 한

벌 골랐다. 허리가 고무줄로 되어 있어 입기 편하
고 패턴이 예뻤던 그 옷은 알고 보니 그녀가 가져
온 것이었다. 놀라움과 반가움이 교차했다. 그 옷
을 입을 때마다 종종 그녀를 떠올렸고 여전히 그
때는 내 마음속에 기분 좋은 기억으로 남아 있다.

또 다른 어떤 인친은 평소 나보다 더 제로웨이
스트를 잘 실천하는 것 같은 분이었다. 엄마가 시
흥에 사셔서 가깝게 느껴진다며 언젠가 오고 싶
다는 댓글을 자주 남겼었다. 한번은 내가 퇴근하
고 나서 매장에 다녀갔다는 소식을 뒤늦게 듣고
아쉬워하기도 했다. 그리고 얼마 뒤 매장에 방문
한 한 손님이 내게 다가와 업사이클링 나무 칫솔
을 물어보길래 평소처럼 안내를 했다. 그런데 손
님이 나의 이야기를 듣다가 갑자기 "접니다"라며
말을 거는 것이다. 그리고 자신의 아이디를 이야
기했는데 이전에 못 만난 그분이었다. 깜짝 놀랐
다. 그리고 생각지도 못한 만남에 또 마음이 뭉클
해졌다. 그분이 어떤 마음으로 오는지 너무 잘 알
아서 더 고맙고 감동인 것이다. 그런데 다음 날 그
분께 다시 연락이 왔다. 집에 있냐고 묻길래 그렇
다고 했더니 그는 잠시 후 채소를 잔뜩 들고 우리

집 앞에 나타났다. 어머니가 옥상 텃밭에서 키우신 채소가 많아서 나눠 주려고 걸어왔다고 했다. 상추와 파, 애플민트까지 큰 꽃다발처럼 채소를 한 아름 내게 안겨 주더니 짧은 인사를 나누고 돌아갔다.

2021년에 출시된 넷플릭스 오리지널 시리즈 〈오징어 게임〉에서 뇌종양으로 인해 기억이 흐려진 오일남 할아버지는 자신을 속인 기훈을 용서하며 "우린 깐부잖아. 기억 안 나?"라고 말한다. 깐부는 1960~70년대 아이들이 구슬치기나 딱지치기와 같은 놀이를 할 때 한편을 부르는 것에서 유래한 은어다. 〈오징어 게임〉이 전 세계적으로 흥행하고 '깐부'라는 말이 유행하게 되면서 단순히 게임에서 이기기 위해 같은 편이 되는 것을 넘어서 친한 친구, 짝꿍, 우정을 나눈 동지 등의 의미로 널리 쓰이게 되었다. 깐부. 나는 자꾸 그 단어가 떠올랐다. 그들은 내게 깐부다.

# 친환경도 예뻐야 팔린다

미술관 굿즈 숍을 둘러보다가 선배가 말했다. "재활용이라도 예쁘게 만들지 않으면 다시 쓰레기가 되어 버리는 것 같아." 그곳엔 업사이클링 제품들이 많았는데 퀄리티가 들쑥날쑥이었다. 어떤 건 독특하고 예뻤지만, 의미는 좋은데 가지고 싶지는 않은 것들도 있었다. 사더라도 오래도록 가지고 있을 만한 가치가 있는지 의문이 들었다. 그 물건을 산 사람들은 얼마나 오래 썼을까. 간직했을까, 버렸을까. 얼마 만에 버렸을까. 수많은 물건들을 쉽게 사고 쉽게 버리듯 친환경 제품도 다른 물건들과 같은 운명을 피할 수 없다면 그게 과연 더 나은 방식의 소비라고 할 수 있을까.

　양말을 생산하는 과정에서 필연적으로 버려지는 '양말목'이라는 쓰레기가 있다. 버려지는 양말목을 재활용하기 위해 양말목 공예가 탄생했다. 양말목으로 방석도 만들고, 티코스터도 만들고, 가방도 만들 수 있다. 뜨개질로 무엇이든 만들 수 있는 것처럼 양말목으로도 무엇이든 만들 수 있다. 양말목으로 만든 작은 크리스마스 트리가 갖고 싶어져 찾아봤는데 마음에 드는 걸 찾지 못했다. 색상들이 대체로 어둡고 여러 가지 색이 섞인 게 많았다. 게다가 대부분 공예 수업용으로 만든 거라 기성품처럼 구매할 수 있는 게 별로 없었다. 고민하다 양말목 수업을 진행하는 강사한테 디자인을 직접 의뢰해 제작했다. 색상부터 모양, 크기까지 내가 원하는 대로 소통하며 양말목 트리를 만들었다. 결과는 대만족이었다. 작은 전구나 장식까지도 모두 나에게 맞춤이었으니 당연했다. 다만 조금 비쌀 뿐이었다. 이런 방식으로 구매하는 사람이 몇이나 될까. 온라인 쇼핑몰에서 파는 예쁘고 화려한 새것들 중 하나를 선택했더라면 훨씬 더 빨리 저렴하게 구매할 수 있었겠지만 내 안에 그런 선택지는 없었다. 한참 후에 알게 된 사실인데 양말목 공예가 많이 알려지자 일부러 새 양말목을 만들어 파는 곳이 생겨났다. '편직 양말목'이라 불리는 그것은 버려진 양말목보다 색상이 쨍하고 예뻤고 끝에 실 부스러기 같은 것도 없이 깨끗했다. 새것처럼.

친환경 제품이라고 해서 가치만 강조할 수는 없다. 물건이 넘쳐 나는 세상에서 필수품이라는 건 존재하지 않는 것이 되어 버렸다. 사람들은 칫솔 하나에도 특별한 감성과 기능, 디자인을 원하기에 생활용품도 사치품의 영역으로 들어왔다. 그게 무엇이든 예쁘면 사고 감성을 자극하면 팔린다. 하지만 아이러니하게도 천연 재료로 만들어진 물건들에 가장 흔한 반응 중 하나는 "비싸다!"는 것이다. 디자인이 예쁘고 새로우면 사치품이 되지만 그렇지 않으면 그냥 생활용품의 영역이 되어 버린다. 일반 마트에서 파는 것보다 비싼 생활용품을 돈 주고 사려니 아까운 마음이 드는 것이다. 친환경 제품도 나름의 자연스러운 매력이 있지만 플라스틱이 만들어 낸 형형색색의 다채로움을 따라가기는 어렵다. 공장에서 빠르게 찍어 낸 아크릴 수세미의 생산 속도와 가격을 한 해 동안 씨앗 뿌리고 농사지어 키운 열매 수세미가 결코 따라갈 수 없듯이.

우리 매장에서 가장 잘 나가는 제품은 대나무 칫솔도, 고체 치약도 아니다. 바로 컵이다. 작고 가벼운 컵. 보통 믹스커피 타 먹을 때나 자판기에서 자동으로 나오는 바로 그 종이컵과 모양과 크기가 똑같다. 파스텔 색상의 작고 예쁜 컵은 언뜻 보면 플라스틱처럼 보이지만 사실은 임업 과정에서 버려지는 목재 부산물로 만들어졌다. CXP(Cellulose X-linked Polymer, 열가소성 목재)라는 특수 소재로 만든 업사이클링 컵인데, 뜨거운 음료를 담아도 미세 플라스틱이나 환경 호르몬이 전혀 나오지 않는 무독성 제품이다. 가볍고 튼튼해 아이들 식기로 쓰기에도 안전하고 편하며 휴대가 용이해 캠핑용으로 구매하는 사람도 많다. 천연 미네랄 광물로 색을 내 플리마켓에 가지고 나가면 저 멀리서도 시선을 끄는 매력이 있다. 이 컵에 대한 첫 관심은 다름 아닌 예뻐서 생긴다. 예쁜데 플라스틱이 아니라니 건강과 환경을 생각하는 사람이 아니어도 충분히 관심을 가질 만하다. 게다가 가격을 듣고 나면 생각보다 저렴해서 부담 없이 살 수 있다는 반응이다. 같은 소재로 만들어진 손잡이 있는 앞접시와 머그컵도 인기가 많은 편이다.

'예쁜 쓰레기'라는 말이 있다. 사람들은 물건의 내구성이나 기능보다 외모에 혹해서 디자인만 예쁘고 쓸모없는 물건을 충동적으로 구매한다. 쉽게 산 물건은 마음도 금세 식어서 쉽게 버린다. 왜냐하면 세상엔 새롭고 예쁜 물건들이 끝없이 생산되기 때문이다. 좋은 물건을 신중하게 골라 오랫동안 아껴서 쓰는 게 좋다는 걸 모두가 알지만 실천하기란 무척 어려운 일이다. 그런데 예쁘다는 것이 마음에 꽤나 큰 만족감을 주는 요소라면 그것 역시 효용가치가 있는 것이 아닐까. 마음에 들지 않는 선물을 받았을 때 버리기는 미안하지만 사용하고 싶지는 않아 보이지 않는 구석에 처박아둔 경험이 누구나 한 번쯤 있을 것이다. 내 눈에 예뻐 보이는 만족감이 없으면 물건에 손이 잘 가지 않고 안 쓰게 되기 마련이다. 사은품으로 받은 물건들이 많이 버려지는 이유는 못생긴 외모와 원치 않는 로고, 내게 필요하지 않은 사용법 등등 때문일 거다. 예쁜 쓰레기를 구매하는 일도 지양해야 하지만, 예쁘지 않으면 쓰레기가 된다는 사실도 잊지 말아야 하는 이유다.

그래서 친환경 제품들은 예쁘면서 동시에 지구에 무해하게 만들어야 한다는 어려운 숙명을 갖고 있다. 예쁘게 만드는 것도 어려운데 동시에 가치까지 있어야 하니 친환경의 세계는 더 어렵고 느리고 고단하게 흘러간다. 우리가 당연하게 여기는 색과 광택, 모양의 제품은 플라스틱을 원료로 하고 있는 것들이 많다. 그것들은 저렴하고 새롭고 화려하지만 반드시 건강이나 환경을 고려한 건 아니다. 많은 카페들이 여전히 종이컵에 투명 플라스틱 컵을 겹쳐서 음료를 제공하고 있다. 종이 홀더보다 쓰레기가 많이 나오고 코팅까지 되어 있어 환경에 더 유해하지만 손에 물이 닿지 않고 디자인적으로도 시선을 끌 수 있다는 장점 때문이다. 한때는 나도 이것이 좋은 아이디어라고 생각한 적이 있다. 마치 브랜딩의 일부인 것처럼 똑똑한 마케팅 방식이라고 여겼다. 이제는 불필요한 낭비처럼 느껴진다. 패션 분야에서 일하며 감각을 그 무엇보다 중요한 가치로 여기던 내게 이제 그런 디자인은 선택하고 싶지 않은 것이 되었다. 조금 돌아가더라도 가치와 디자인을 모두 잡은 제품들이 사랑받았으면 좋겠다. 나 또한 예쁘면서도 가치 있는 것을 선택하고 소개하고 싶다.

# 상점인데 물건만 팔 수 없는 이유

제로웨이스트샵의 절반 이상은 물건만 팔지 않고 체험 수업을 하는 공방을 겸하거나 자체적으로 제품을 제작하는 곳이 많다. 처음엔 이 부분이 이해가 잘 되지 않았다. 여러 명이 운영하는 사업체도 아니고 1~2인 사업자가 대부분인데 공방이나 제작을 겸하게 되면 제로웨이스트 '숍(shop)'의 본질인 물건을 고르고 소개하고 판매하는 데에 집중할 수 있을까. 잘할 수 있을까. 제일 중요한 걸 놓치게 되는 것이 아닐까 싶었다. 실제로 공방과 상점을 겸하다 수익이 나지 않아 상점만 접는 경우도 있었다. 그동안 내가 봐 온 소품숍, 편집숍들은 물건을 고르고 조합하는 데에 매우 공을 들였다. '물건을 잘 고르는 것' 자체로 하나의 브랜드로 인식되었고 그것을 견고히 하는 데 집중하는 모습이었다. 자체 제작 상품이 있더라도 하나하나 직접 만드는 것보다는 제작은 다른 곳에 맡기고 그것을 기획 및 디자인하고 마케팅 포인트를 만들어 내는 것이 더 중요하다고 생각했다. 같은 물건도 소비자들에게 어떤 이야기를 어떻게 전달하느냐에 따라 다르게 소비되기 때문에 이 부분은 절대 놓쳐서는 안 되는 부분이라고 생각했다. 하지만 보이는 것이 더 중요한 편집숍과 가치가 생명인 제로웨이스트숍은 가야 할 길이 달랐다.

주변에서 공예 수업을 해 보라는 권유도 많이 받았다. 실제로 제로웨이스트숍 중에는 필수 코스처럼 공방을 겸하는 곳이 많았다. 이것 또한 의문이었다. 여태껏 내가 공예 활동을 해 온 것도 아니고 공예 수업이 내가 좋아하고 잘하는 것도 아닌데 꼭 해야만 하는 것일까. 무언가를 배워서 한두 가지 수업을 만들 수도 있지만 그것이 과연 지속 가능한 방식인가에 대해서는 확신이 들지 않았다. 공예 수업도 특정 분야에 어느 정도 노하우가 있어야 하고 수업 준비부터 실행하는 과정까지 시간과 에너지가 소모되는 일이다. 현실적으로 한 사람이 여러 분야에 전문가이기는 힘든 법인데 여러 가지 공예를 가르치면서 친환경 물건을 판매하게 될 경우 두 마리 토끼를 잡는 게 아니라 다 놓치게 될 것 같았다. 환경을 생각한다는 가치와 의미도 좋지만 이건 엄연히 비즈니스이기에 프로페셔널해야 한다고 생각했다.

　물건에 집중하고자 했다. 상점으로서의 경쟁력을 갖추기 위해 이전에 들여놓지 않았던 새로운 제품들을 소개하고 다른 곳에는 없고 우리 상점에서만 살 수 있는 제품들로 매대를 구성했다. 프린트가 예쁜 셀룰로오스 행주도 새로 들이고 업사이클링 작가님이 제작한 메모 보드도 판매했다. 당장 잘 팔릴 물건을 들여놓는 것도 중요하지만 상점을 특별하게 만들어 줄 구색 상품을 구성하는 데에도 신경을 썼다. 온라인에 소개하는 데에도 공을 들였다. 인스타그램과 당근마켓, 블로그 등 다양한 SNS 채널을 활용했다. 하나의 제품을 소개하기 위해 단순히 정보만 제공하는 게 아니라 이것이 왜 친환경적인지, 어떤 의미와 특별함이 있는지 스토리를 만들어 피드를 올렸다. 그 노력들은 소소한 효과를 불러일으켰다. 한동안 자주 오시던 손님에게 아주 기분 좋은 피드백을 들은 적이 있다. "여긴 친환경인데 예쁘기도 해서 자주 오고 싶어요." 내가 원했던 바다. 알아주는 사람이 있어 기뻤다. 우리 상점이 감각적인 공간이 되기를 바랐다. 편집숍을 구경할 때 느끼는 즐거움을 친환경 상점 안에서도 경험할 수 있으면 좋겠다고 생각했는데, 그 노력을 알아주는 것 같아 뿌듯했다.

하지만 그것만으로는 버틸 수가 없었다. 소수의 단골손님만으로 상점을 운영해 나가기는 어려웠다. 사람들은 제로웨이스트샵의 주 고객층이 환경에 관심 많은 열성적인 실천자일 거라고 생각하지만 아이러니하게도 그분들이 제로웨이스트샵을 먹여 살릴 수는 없다. 일단 워낙 소수인 데다가 물건 하나를 구매하는 데에도 신중하기 때문이다. 브랜드도 팬덤 마케팅이 중요한 시대라고 하는데 친환경 분야의 덕후들은 절약이 미덕이다. 나도 그랬기 때문에 충분히 이해하지만, 상점을 운영하는 입장이 되고 보니 환경에 관심이 없거나 우연히 상점에 들어온 손님들도 매력을 느낄 만한 제품을 구성하는 것이 매출에 있어 매우 중요한 요소가 되었다.

친환경이라는 본질을 흐리지 않는 선에서 할 수 있는 모든 것들을 해야 했다. 물건을 파는 게 먼저지만 물건만 팔아서 먹고살 수 없다는 걸 결국에는 깨달았다. 사람들의 관심은 적고 자본주의 사회 안에서 이 분야의 시장이 작으니 우선 알리는 게 먼저였다. 사람들에게 친환경 제품 좋으니 써 보라는 말만 목이 터져라 한다고 해서 소용 있는 일이 아니었다. 사람들이 친환경 제품에 대해 갖는 마음의 장벽을 허물 수 있도록 즐거운 이야기를 많이 만들어 내야겠다고 생각했다. 우리만의 제품을 제작하고 다양한 이벤트를 기획했다. 단체 주문이 들어오면 부리나케 준비해 납품했고 공예 수업, 환경 강의, 플리마켓 등 일단 불러 주는 곳이 있다면 마다하지 않았다. 기회를 찾으려 애쓰기도 했지만 들어온 기회를 놓치지 않기 위해 모든 상황에 최선을 다했다.

1년이 지나니 물건만 팔지 않는 다른 제로웨이스트샵들이 이해 가기 시작했다. 어려운 환경 안에서 생존하고 지속하기 위해 각자 다르게 자신만의 이야기를 만들어 내는 곳들이 눈에 들어왔다. 프로페셔널은 스스로 만들어 가는 것이고 제로웨이스트샵은 하나의 플랫폼이라는 생각이 들었다. 이곳에서는 무엇이든 원하는 대로 시도할 수 있고 만들어 낼 수 있다. 아직은 정답이 없는 곳이다. 성공적인 비즈니스 모델이라고 볼 수 있는 케이스도 없다. 처음엔 롤 모델이 없다는 생각에 답답했다. 맨땅에 헤딩하는 기분이었다. 조금만 눈을 돌리면 다른 분야의 브랜드와 상점들은 발 빠르게 세상이 원하는 것을 내놓고 또 바꾸며 시장을 선점해 돈을 벌고 있었다. 유명 연예인이 쓴다고 해서, 인기 있는 채널에 노출되었다고 해서 품절 행진인 협찬 제품들을 보며 허무해지기도 했다. 세상을 점령하고 있는 신상 아이템들은 너무 빠른 속도로 대량으로 퍼져 나가고 있었다. 전략적인 차원에서 그게 더 프로답고 일을 잘하는 것으로 느껴지기도 했다. 반면 친환경 기업들의 시계는 느리게 흘러가는 것처럼 보였다. 이게 맞는 걸까. 소비자들에게 지구에 무해한 제품들을 더 많이 써야 한다고 말하면서, 오히려 그 장벽을 높여 다른 선택을 하게 만드는 건 아닐까 하는 생각이 들었다. 친환경 브랜드는 유행과 문화의 중심 자리를 다른 브랜드들에게 모두 내주고 뒤에서 자연인이라도 된 것처럼 무소유의 길을 걸어가야만 할까. 그게 전체 시장의 지속 가능성을 놓고 따져 봤을 때 과연 더 나은 길로 가는 것이 맞는지도 확신이 들지 않았다.

작은 상점 하나를 운영하며 너무 많은 것들을 생각하는 걸지도 모르겠다. 하지만 이런 부분들을 생각하지 않을 수 없다. 제로웨이스트샵은 그럴 수밖에 없다. 비즈니스지만 비즈니스 바깥의 부분들을 생각해야 하고 당장의 수익도 중요하지만 멀리 보는 자세도 필요하다. 물건은 물건답게 더 잘 팔고 문화는 어떻게 만들어 낼 것인지 고민해야 한다. 그 자리에 멈춰 있는 것처럼 보이지만 안에서는 치열하게 고민하고 앞으로 나아가기 위해 애쓰고 있다.

# 제로웨이스트샵의 배송 방식

처음부터 쇼핑몰을 운영할 생각은 없었다. 제로웨이스트샵은 당연히 오프라인 매장이 중심이자 정체성이라 생각했고 배송을 하게 되면 어떤 식으로든 포장 쓰레기가 나올 수밖에 없기 때문에 고려 대상이 아니었다. 매장에 손님이 더 오도록 잘 홍보하면 된다고 생각했다. 하지만 공실이 많은 쇼핑몰 안에서는 마케팅을 아무리 열심히 해도 한계가 있었다. SNS에 올린 글의 조회수가 많아도 근처에 사는 사람이 아니면 매장 유입으로 이어지지 않았다. 본인이 사는 동네에 도돌이상점이 있다면 너무 좋을 것 같다는 칭찬의 댓글은 보는 것만으로도 기분이 좋지만 오프라인 매장만을 운영한다는 것에 그만큼 한계를 느끼기도 했다. 물론 광고에 돈을 더 쓸 수도 있었지만 비용이 만만치 않았다. 아파트 전단지 광고나 맘카페 회원 가입을 알아보기도 했지만 한시적인 효과에 불과했고 모두 높은 비용의 장벽에 부딪혔다. 비용은 많이 들고 효과는 작게 돌아오는 식이었다. 동네 상권 중심인 당근마켓에 소소하게 광고를 해 보기도 했지만 작은 규모의 상점을 알리기 위해 적지 않은 비용의 광고비를 계속 지출하기는 어려웠다.

제로웨이스트샵은 카페처럼 자주 찾아오는 공간이 아니다. 친환경 물건을 매일 마시는 커피처럼 구매할 수는 없는 노릇이다. 주요 상품 카테고리가 주방, 욕실 등 생활용품이라서 물건의 사용 주기도 길다. 일회용 물티슈는 작은 걸 하나 사면 금세 다 써 버리지만 다회용 손수건은 몇 장만 있으면 오래도록 새것을 사지 않아도 된다. 신중한 소비와 비교적 긴 물건의 사용 주기는 단골 손님조차 매일 상점에 올 필요가 없게 만드는 결정적 원인이다. 제로웨이스트의 가치를 유지하면서 비즈니스를 운영한다는 게 정말 쉽지 않은 이유다. 날씨가 추운 겨울에는 손님이 하루에 한 명도 오지 않는 날도 있었다. 그런 날들이 점점 늘어 갔다. 방법은 오로지 더 많은 사람들에게 알리고 판매하는 것뿐인데 그러기 위해서는 동네 상권을 넘어 전국구로 판매할 수 있는 온라인 채널이 절실했다. 가끔 SNS 소식을 보고 택배 주문을 요청하는 손님이 있었는데 주문 페이지 없이 대화가 오고 가다 보니 의사소통의 오류가 생겨났다. 이럴 거면 제대로 된 온라인 스토어를 갖추는 게 좋겠다고 생각했다.

가장 저렴한 수수료와 낮은 진입 장벽을 가진 플랫폼인 네이버 스마트스토어 채널을 개설했다. 매장에 있는 상품들을 선별하여 사진 찍고 상세 페이지를 만들어 올렸다. 크게 욕심부리지 않고 하나둘씩 자주 등록하고 블로그에 소개하고 또 등록하는 일을 반복했다. 매장에서 안 나가는 물건들의 판매율을 조금이라고 높여 보자는 마음이었다. 매일 조금씩 스토어를 업그레이드하며 자체 제작 상품도 업로드하여 주문을 받았다. 손님이 없거나 별다른 이벤트가 없을 땐 스마트스토어를 관리하며 매장을 지켰다. 큰돈을 들이는 대신 다양한 채널에 숨 쉬듯 자주 홍보했다. 단순히 친환경 제품을 소개하는 글이 아니라 환경적 의미와 제작 과정 등을 상세하게 올렸다. 덕분에 조금씩 반응이 오기 시작했다. 잊을 만하면 한 번씩 주문이 들어왔고 제작 상품에 대해서는 블로그 글을 보고 문의한 뒤에 스마트스토어로 주문하는 경우가 많아졌다.

온라인 배송을 할 때 가장 중요하게 생각했던 부분은 포장이다. 친환경 제품을 온라인으로 판매하며 과대 포장을 하거나 비닐, 플라스틱을 사용하는 건 모순이라고 생각했다. 하지만 판매자에겐 물건을 안전하게 배송해야 할 책임이 있고 택배 상자, 종이 충전재 등 기본 포장 없이 배송할 방법은 없었다. 제로웨이스트샵다운 배송 방식은 무엇일까 고민하다 매장에 쌓여 있는 택배 상자와 종이 포장재를 다시 쓰기로 했다. 물건을 매입할 때 배송받은 택배 상자와 충전재를 잘 모아두었다가 주문이 들어오면 크기에 맞는 걸로 골라 사용했다. 충전재가 모자랄 땐 무료로 배포되는 환경 매거진을 대신 쓰기도 했다. 부모님이 아직까지 종이 신문을 구독하고 계신데 친정에 가면

한 번씩 잘 모아 둔 신문지를 가져와 충전재로 사용했다. 한번 사용한 포장재를 다시 사용하면 쓰레기를 만들지 않아도 되고 버려지기에 아까울 정도로 멀쩡하고 깨끗한 포장재들이 한 번 더 쓰임을 가질 수 있다는 장점이 있다. 스마트스토어 판매 페이지마다 배송 방식에 대해 구매자에게 양해를 구하는 공지를 남겼다. 다행히 이런 친환경 포장에 불만을 표시하는 고객은 없었고 판매에 영향을 미치지도 않았다. 오히려 환경에 덜 유해한 방식을 고민하는 제로웨이스트샵의 행보에 공감하고 응원해 주는 사람들이 더 많아졌다.

온라인 판매는 확실히 매출에 도움이 되었다. 매장 재고들을 빠르게 순환할 수 있게 해 주었고 스마트스토어가 있다는 것 자체로 홍보의 수단이 되었다. 단일 상품에 대한 판매도 증가했지만 무엇보다 단체 주문이나 자체 제작 상품에 대한 문의가 늘었다. 다회용 현수막이나 병뚜껑 키링은 맞춤 상품이라 전화나 메시지로 먼저 문의를 한 후 스마트스토어에서 주문을 하는 경우가 많았다. 제품의 제작 과정이나 가격 등에 대해 따로 안내하지 않아도 미리 상세 페이지를 확인한 후에 문의를 하기 때문에 의사소통이 빨라졌고 대량 제작도 원활하게 진행될 수 있었다. 주문 이력은 그대로 실적이 되어 홍보 효과를 가져다주니 일석이조였다. 오프라인 매장에 방문하는 손님조차 스마트스토어에서 구매할 물건의 정보와 가격을 미리 검색해 보고 오기도 했다. 스마트스토어는 단순히 매출을 높이는 온라인 상점을 넘어 우리를 알리고 홍보할 수 있는 플랫폼이 되었다.

식품부터 가전, 가구까지, 살 수 있는 모든 것을 손안의 스마트폰 세상에서 클릭 하나로 주문해 배송받는 시대가 되었다. 새벽 배송, 당일 배송 등 많은 기업들이 어떻게든 빨리 많은 양의 상품을 판매하고 배송하기 위해 경쟁한다. 소비자들 역시 이러한 소비 방식에 익숙해져 점점 더 오프라인에서의 구매는 줄어들고 온라인 배송이 주는 편의에 익숙해져 가고 있다. 하지만 편의는 오래도록 썩지 않는 쓰레기와 맞바꾸어야 하는 양날의 검이다. 감당할 수 없을 만큼 많은 양의 쓰레기가 점점 더 많이 쌓여 가는 시대에 이 모든 세상의 흐름의 반대편에 서는 것이 맞을까 아니면 그 흐름을 더 지속 가능한 방식으로 바꿔 가는 게 맞을

까. 정답은 없다. 반드시 하나의 길만 있어야 한다
고 생각하지도 않는다. 제로웨이스트샵이 지켜야
할 기준을 신중하게 고민해 결정하고 잘 지켜 나
간다면 어떤 길도 가치 있을 거라 믿는다. 결국 바
라보는 방향은 같은 곳일 테니.

# 휘몰아치는 플리마켓의 계절

날씨가 좋은 봄과 가을은 행사의 계절이다. 이때는 전국 방방곡곡에서 다양한 축제를 열고 각종 공연, 체험 등 이벤트를 여는데, 여기에 빠지지 않는 것 중 하나가 바로 플리마켓이다. 플리마켓은 사람들이 구경도 하고 쇼핑도 할 수 있게 해주기 때문에 행사에 꼭 필요한 구성 요소 중 하나다. 대체로 작은 브랜드의 소품이나 액세서리, 공방에서 제작한 수공예품, 간식거리처럼 부담 없이 사서 가져갈 수 있는 것들이 많다. 우리도 여러 플리마켓에 셀러로 참여했다. 상점 근처의 가까운 공원에서 하는 동네 축제부터 차로 두 시간 걸리는 대학교 행사, 바닷가 앞 카페까지 기회가 닿는 곳은 되도록 참여하려고 노력했다.

상점을 홍보하기 위한 목적도 있지만 매출을 올리기 위함이기도 하다. 플리마켓에서의 하루 매출이 보통 매장에서의 일주일보다 나은 경우가 많다. 수많은 비수기의 날들이 지나고 맞이하는 짧은 성수기이기에 당연하다. 축제엔 사람들이 모이기 마련이고 안 사더라도 구경이나 하자는 마음으로 가볍게 왔다가 이것저것 구매하는 사람도 많다. 동네 플리마켓에 참여하면 좋은 점은 우연히 축제에서 우리 상점을 알게 되었다가 나중에 매장으로 찾아오는 손님들이 있다는 것이다. 둘이서 운영하니 좋은 점은 주말에 플리마켓에 참여하면서도 매장 문을 열 수 있다는 것이다. 한 명은 플리마켓에 참여하고 한 명은 매장을 지킨다. 같은 날 두 곳의 행사가 겹치는 날엔 매장 문을 닫고 각자 다른 플리마켓에 나간 적도 있다.

모든 플리마켓이 만족스러웠던 건 아니다. 매출에 비해 참가비가 너무 비싸 배보다 배꼽이 더 컸던 날도 있다. 유동인구가 엄청난 행사라고 해서 4일이나 매장 문을 닫고 먼 거리의 대학교에서 열리는 축제에 참여했다가 허탕을 친 적도 있다. 외부 단체의 행사를 경기장만 빌려 진행했기 때문에 학생들은 관심을 갖지 않았고 경기장 안쪽에 부스가 마련되어 유동인구도 적었다. 우리만 판매가 저조했던 게 아니기에 셀러들 모두 주최 측에 개선을 요구했고 중간에 자리를 바꾸기도 했지만 달라지는 것은 없었다. 행사는 흥할 수도 있고, 그렇지 않을 수도 있다. 축제의 장소와 기획, 규모 등 여러 가지 상황을 고려해서 참여하지만 매번 예측 가능한 것도 아니고 우리가 원하는 축제에 반드시 참여할 수 있는 것도 아니다.

플리마켓에 참여하는 일은 강도 높은 노동이다. 판매할 물건뿐 아니라 부스를 꾸밀 테이블보, 홍보물, 진열대, 결제를 위한 카드기, 현금 등 챙길 게 많다. 그 모든 짐을 가져가서 풀고 진열을 마치고 나면 기운이 빠진다. 하지만 그때부터가 시작이다. 아직 짐을 풀고 있는데 지나가던 손님이 다가와 물어보는 경우도 많아 늘 분주하게 장사 채비를 마친다. 하루 종일 야외에서 밥 먹을 시간도 제대로 없이 손님을 응대해야 한다. 손님이 없을 때도 자리를 비울 수 없으니 계속 앉아 있어야 하는데 바람이 불거나 조금이라도 날씨가 추워지면 견디기가 힘들다. 행사는 보통 저녁 7~8시쯤 끝나는데 다 정리하고 집에 돌아오면 언제나 녹초가 되어 쓰러지듯 잠에 든다. 한 달 동안 한 주도 빠짐없이 주말마다 플리마켓에 참여한 적도 있었는데 다 끝나고 나니 결국 병이 났고 병원에서 수액을 맞은 후에야 겨우 정상 컨디션을 회복했다.

손님을 응대하는 과정에서 곤란했던 적도 많다. 손님 중에는 터무니없는 금액으로 깎아 달라고 하는 경우도 있고 왜 이렇게 비싸냐고 묻는 경우도 있다. 우리는 오프라인 매장을 갖추고 스마트스토어도 운영하며 친환경 브랜드 제품을 판매하고 있다. 나름대로 하나의 브랜드를 만들어 가고 있다고 생각하고 좋은 편집숍이 되고자 한다. 물건의 가격이 들쭉날쭉하면 안 된다고 생각하고 브랜드 제품은 정가가 정해져 있기 때문에 할인을 자주 하지 않는다. 박리다매식 판매가 아니기에 할인을 많이 할 수 없는 사정도 있다. 플리마켓은 특별한 행사이기에 구매 고객을 위한 사은품을 준비하기도 하지만 다른 곳들처럼 대폭 세일이나

1+1행사는 자주 하기가 어렵다. 게다가 모두 환경에 좋은 천연 제품이거나 버려지는 자원을 모아서 만든 업사이클링 제품이다. 물건 하나마다 테이블 위에 올려지기까지 눈에 보이지 않는 많은 과정과 스토리가 있다. 하지만 플리마켓에서는 물건값을 깎아도 된다고 생각하는 사람들도 있다.

"이거 예전에 집 마당에서 그냥 자라던 건데 이렇게나 비싸요?"

천연 통수세미를 보고 반가워 다가온 어르신들이 가격을 보고 놀라며 하신 말씀이다. 예전엔 돈 주고 사지 않던 걸 사야 한다고 생각하니 비싸게 느껴지셨나 보다. 제값에서 절반을 깎으려고 하셔서 안 된다고 했더니 쌩하고 바로 가 버리셨다. 속상하고 서운한 마음이 들었다. 기후위기로 인해 점점 농사가 어려워지고 있다. 천연 통수세미는 매해 가격이 오르고 있고 구하기는 점점 더 어려워지고 있다. 농산물이기 때문에 모양도 색도 크기도 다 제각각이고 가격도 그때그때 다르다. 마트에서 사과를 살 때와 같다. 품종에 따라 파는 곳에 따라 가격이 다 다르다. 어떤 사과는 좀 크고 어떤 건 좀 작다. 새빨간 것도 있고 약간 빛바

랜 듯한 빨강도 있다. 동그란 것도 있고 울퉁불퉁한 것도 있다. 예쁜 사과는 잘 팔리고 못생긴 것들은 버려지는 것처럼 수세미도 크고 통통한 것들이 가장 먼저 선택을 받는다. 들여온 가격은 같지만 더 싸게 팔아야 하는 경우도 있다. 물론 알아주는 사람들도 있다. 중국산과 국내산 수세미 중 국내산이 더 비싼데도 불구하고 탄소 배출을 덜 하니 더 친환경인 거 아니냐며 국내산을 고르는 사람도 있다. 기름때가 잘 지워져 너무 잘 쓰고 있다며 일행에게 권하는 손님도 있다. 어쩌면 플리마켓은 다양한 손님들의 솔직한 이야기를 가감 없이 들을 수 있는 시장조사의 장인 것 같다.

플리마켓에 참여할 때마다 느끼는 아쉬운 점이 하나 있다. 바로 쓰레기다. 일회성 행사이다 보니 현수막, 일회용기 등 많은 양의 쓰레기를 자주 마주하게 된다. 보통은 부스별로 현수막이 제작되는데, 이 경우 단체로 지급되어 우리만 안 받기가 어렵다. 상점 이름이 프린트된 현수막은 다 쓴 뒤 가져와서 에코백을 만드는 등 다양하게 재활용하긴 하지만 그래도 처음부터 쓰레기가 만들어지지 않았다면 얼마나 좋았을까 하고 생각한다.

다른 부스에서 판매하는 걸 지켜볼 때도 비닐 쇼핑백이나 투명 플라스틱이 많이 쓰이는 것이 마음 아프다. 집에 가져가면 바로 쓸모없어지는 이 쓰레기들은 수백 년이 지나도 썩지 않는다. 사정이 이렇다 보니 환경에 무관심한 행사보다는 되도록 친환경 축제에 참여하는 편이다.

인천 굴포천에서 양일간 진행되었던 '굴포천 천히' 축제는 주제도 셀러도 모두 친환경이라 너무 좋았다. 작은 하천 위 산책길을 따라 부스가 마련되었고 셀러들에게 따로 현수막이 지급되지 않았다. 우리뿐 아니라 다양한 친환경 셀러들이 참여해 축제 전체가 환경으로 하나 되는 것 같은 기분이 들었다. 셀러들에게 점심으로 김밥이 제공되었는데 비건으로 먹고자 하는 사람은 따로 선택할 수 있게 해 준 것도 좋았다. 물론 쓰레기가 전혀 안 나온 건 아니지만 일반적인 행사에 비해 현저하게 적었고 환경에 관심 있는 사람들이 많이 방문했다. 덕분에 매출도 좋았다. 완벽하지 않더라도 모두가 친환경의 가치와 의미를 긍정적으로 바라보고 모인 행사라 기분 좋은 연대감을 느낄 수 있었다.

플리마켓은 외부 행사가 대부분이라 보통 날씨가 갑자기 추워지기 직전인 11월 초까지 열린다. 바쁘게 지내다 정신 차려 보면 어느새 날씨가 추워지고 매장에 손님도 뚝 끊기며 기나긴 비수기를 맞이하게 된다. 좌충우돌하며 체력적으로 힘든 플리마켓이지만 동시에 에너지를 얻고 상점 운영에 큰 도움을 주기 때문에 플리마켓은 선택이 아닌 필수다.

# 헌 옷으로 만드는 다회용 현수막

플리마켓을 위해 헌 옷과 광목천으로 만들었던 친환경 현수막은 상점을 알리는 또 하나의 계기가 되었다. SNS에 공유했던 걸 보고 현수막 제작 의뢰가 들어오기도 하고 또 다른 친환경 플리마켓 기획 제안을 받기도 했다. 백 번 머릿속으로 생각하는 것보다 한 번의 실행이 얼마나 중요한지 그때 깨달았다. 완벽하지 않아도 쓰레기를 덜 만드는 행사를 진행했다는 것, 쓰레기를 줄이기 위해 기존과는 다른 방식의 현수막을 만들었다는 것 그 하나의 사실이 명함이 되어 주었다. 일회용 현수막의 홍수 속에서 자체 제작 현수막은 쉽게 찾을 수 없는 형태의 작업이다 보니 하나를 만들어도 그 자체로 큰 홍보 효과가 있었다. 의뢰받은 현수막을 제작하고 나면 그걸 보고 다음 의뢰가 들어오고 그렇게 조금씩 연결고리가 생겨났다.

제로웨이스트샵이 만드는 친환경 현수막을 찾아 주는 곳은 다름 아닌 또 다른 제로웨이스트샵이었다. 제로웨이스트샵의 성지라고도 불리는 '알맹상점'으로부터 기후정의행진에 쓸 현수막이 필요하다는 의뢰를 받았다. 빈티지숍에서 구한 자투리 원단 위에 헌 옷을 잘라 미싱으로 "껍데기는 가라 알맹이만 오라"라는 메시지를 제작했고 상점 로고를 그려 넣었다. 기부받은 운동화 끈을 재활용해 현수막을 거는 끈으로 만들었다. 그렇게 제작한 현수막은 행진뿐 아니라 지금까지도 여러 행사에 쓰이고 있다. 알맹상점뿐 아니라, 전주 '늘미곡', '제비마트', 청도 '홍시생활', 시흥 '네모지구' 등 전국 곳곳의 제로웨이스트샵 현수막을 뒤이어 제작했다. 행사를 한 번 할 때마다 싸고 빠르게 만들어 사용하고 난 뒤 버리면 그만인데 굳이 제작 기간도 오래 걸리고 비용도 더 들어가는 핸드메이드 현수막의 가치를 알아주는 사람들이 있어 얼마나 든든하고 힘이 되는지 모른다.

여러 곳에서 현수막 제작 의뢰를 받다 보니 본격적으로 주문 페이지를 만들어 사업화해야겠다는 생각이 들었다. 가장 많이 쓰이는 현수막의 사이즈를 기준으로 소형, 중형, 대형으로 나누고 제작 공정에 따라 가격을 책정했다. 친환경 현수막의 제작 과정과 가치, 의미를 소개하는 상세 페이지를 만들어 스마트스토어에 업로드했다. 작은 사이즈의 현수막은 빈티지 청바지를 많이 활용하는 편이라 '청바지 업사이클링 현수막'이라는 옵션을 따로 만들었다. 현수막을 다는 양쪽 끝 끈 역시 고리형과 끈형으로 나누어 선택할 수 있도록 했다. 맞춤형 주문 제작이지만 구매자의 편의를 고려해 선택할 수 있도록 옵션을 제공했다.

제대로 된 주문 페이지를 갖추고 나니 더욱 다양한 곳에서 제작 의뢰가 들어왔다. 그중에서도 특히 학교에서 많은 의뢰를 받았다. 초등학교부터 중학교, 고등학교, 대학교까지 골고루 주문을 받았다. 현수막 제작을 시작했을 때는 예상하지 못했던 타깃이었다. 알고 보니 학교는 강연이나 축제 등 행사가 많은데 그때마다 새로 현수막을 제작해야 하는 경우가 대부분이다. 그런데 지속 가능한 방법을 고민하고 찾으려 하는 곳 또한 학교였다. 기후 위기 문제가 점점 심각해지며 학교에서 환경 수업도 하고 선생님들 역시 행사를 진행함에 있어 지속 가능한 방법을 고민하다 보니 여러 번 재사용할 수 있는 현수막을 찾게 된 것이다. 우리가 만드는 현수막엔 날짜나 장소 표시가 없다. 일회용이 아니기 때문이다. 단체 이름이나 메시지 위주로 작업해 행사 때마다 다회용으로 쓸 수 있도록 권장하고 있다. 하나를 구매하는 비용은 당연히 일회용 플라스틱 현수막보다 월등히 비싸지만 열 번, 스무 번도 넘게 쓸 수 있기 때문에 사용 횟수에 대한 가성비는 일회용 현수막 못지않다.

현수막의 기능은 홍보와 캠페인이다. 현수막은 사람들이 보라고 만드는 물건이다. 친환경 현수막은 걸어 놓으면 존재 자체로 환경을 생각하자는 메시지를 내포한다. 쓰레기, 기후 위기, 제로웨이스트 등의 단어를 직접적으로 언급하지 않아도 사람들은 일반적인 현수막과 다른 핸드메이드 현수막을 보며 많은 것을 느낄 수 있다. 축제나 공연의 심각한 쓰레기 문제가 이슈가 되며 요즘은 환경을 주제로 하는 행사가 많아지고 있다. 환경을 생각한다면서 한 번 쓰고 버려지는 커다란 플라스틱 현수막을 만드는 건 진정성을 보여 주기에 적합하지 않다. 그러다 보니 버려지는 자원을 재활용한 현수막과 홍보물의 필요성을 점점 더 많은 곳에서 느끼고 있다.

모든 게 빠르고 싸게 많이 생산되는 사회에서 쓸모를 다한 물건을 찾아 모으고 손으로 다시 만드는 일은 어쩐지 경제적 이윤과 멀어지는 길을 선택하는 것처럼 보일 수 있다. 느리고 어렵게 만드는 현수막이 마냥 비싸게 느껴질 수도 있다. 하지만 물건의 가치를 생산과 소비에 한정하지 않고 버려진 뒤 분해될 때까지의 시간을 포함해 따져 보면 어떨까. 일회용 현수막의 사용 기간은 하루 내지 이틀이다. 버려지면 수백 년이 넘는 시간을 환경에 유해하고 쓸모없는 쓰레기로 살아야 한다. 물건에게도 삶이 있다면 너무 가여운 하루살이 같은 삶이다. 반면, 다회용 현수막의 삶은 어떨까. 옷이었던 현수막은 똑같이 버려지는 삶이 될 뻔했지만 다시 현수막이라는 쓸모를 얻어 삶을 지속할 수 있게 된다. 먼 훗날 헤지고 뜯겨 버려지게 되더라도 인간에게는 더 많은 쓰임을, 자연에게는 유해한 물질을 덜 배출하는 의미 있는 삶을 살았노라고 말할 수 있지 않을까.

눈에 보이지 않는 가치를 만들어 내는 일은 쉽지 않다. 알아주는 사람도 적고 그만큼 수익적인 면에서도 빠르게 성장하기 어려운 시스템이다. 그럼에도 이런 일을 하는 이유는 무엇일까. 돈을 적게 벌어도 괜찮기 때문이 아니다. 나 역시 에너지와 시간을 쏟아붓는 만큼 성취하고 싶고 수익을 얻고 싶다. 그걸 모르기 때문에 어려운 길로 돌아가는 것이 아니다. 환경을 위하는 일을 한다고 하면 돈 욕심도 없는 무소유의 삶을 선택했다고 생각하는 사람이 많은데, 그러한 시선은 제로웨이스트샵을 제대로 된 비즈니스가 되지 못하게 하는 맹점이기도 하다. 사회에 가치 있는 일을 하겠다는 친환경의 선한 의도와 이타적인 면은 좋지만, 그 노력이 단순한 열정이나 희생으로만 비춰지지 않기를 바란다. 빠르게 변해 가는 산업과 소비의 흐름 속에서 경제적 수익과 지속 가능한 가치를 동시에 추구하고 싶다. 이 사업뿐 아니라, 나의 삶

역시 그렇게 흘러가길 바란다. 다행히 열심히 하다 보니 작게나마 우리의 자리와 역할이 생겼다. 어떤 식으로든 틈을 비집고 들어가 앉아 있다 보면 자기만의 영역을 만들 수 있다는 걸 친환경 현수막을 제작하며 알게 되었다.

# 모두가 말렸던 병뚜껑 키링 만들기

10월에 상점을 시작하고 곧 겨울이 되어 첫 비수기를 맞이했다. 겨울은 대체로 많은 업종이 비수기인 편이지만 그중에서도 제로웨이스트샵의 비수기는 유독 더 춥고 혹독하다는 것을 초보 사장이 되어 온몸으로 체감했다. 단순히 물건을 더 많이, 더 다양하게 들여놓는다고 해서 해결될 문제가 아니었다. 손님이 오지 않는데 그게 다 무슨 소용인가. 손님이 오지 않아도 버틸 수 있는 무언가가 필요했다. 우리만의 제작 상품이 필요했다. 다른 곳에서 찾아볼 수 없는 우리만의 것이어야 했다. 그렇지 않으면 제로웨이스트샵으로는 살아남기가 어렵겠다는 판단이었다. 친환경 제품을 들여와 판매만 하다 보니, 마진율도 낮고 판매량도 적은 중간 유통자에 머물게 되는 듯했다. 물론 제로웨이스트샵이 갖는 환경적 가치를 단순히 경제적 수치로만 평가할 수는 없다. 하지만 최소한의 가게 유지를 위한 원활한 소득도 중요한 부분이기 때문에 비즈니스의 차원에서 경제적인 부분만 놓고 냉정하게 판단할 필요가 있다. 친환경 제품을 사입해 소비자에게 판매하는 유통 마진만으로 매장 운영이 가능하냐고 묻는다면 '아니다'라고 답할 수밖에 없는 게 냉혹한 현실이다. 경기 불황이 계속되며 다른 분야와 산업도 마찬가지로 어려워졌다. 오프라인 매장은 예전처럼 활성화되지 않고 온라인에서의 경쟁은 전 세계로 확장되어 더 치열해졌다. 모두가 남들보다 빠르게 더 많이 더 싸게 더 특별한 걸 팔기 위해 시장에 뛰어들어 판매자와 소비자의 경계도 사라져 버렸다. 이런 상황에서 제로웨이스트샵은 가만히 앉아 무기력하게 손님을 기다려야만 하는 걸까. 적게라도 느리더라도 어디에도 없는 걸 만들어야겠다고 생각했다.

어느 날 우연히 SNS에서 병뚜껑 키링과 관련된 영상을 접하게 되었다. 병뚜껑을 녹이고 키링으로 만드는 장비를 판매하는 업체의 계정이었다. 기존에 알고 있던 재활용 방식과는 달라 눈길이 갔다. 알고리즘이 내 고민까지 읽었던 걸까. 직감적으로 좋은 기회가 될 거라는 생각이 들었다. 병뚜껑은 우리 상점에서 수거하고 있던 자원순환 품목이었다. 병뚜껑을 따로 수거하고 있던 이유는 재활용이 어려운 품목이기 때문이다. 일반적으로 생수나 음료수를 사 마시면 자연스레 따라오는 쓰레기가 있다. 페트병과 비닐 라벨, 그리고 병뚜껑이다. 페트병은 따로 분리배출이 가능하고 재활용이 잘 되는 고품질 자원에 해당한다. 라벨은 떼어 내서 비닐로 버리면 된다. 그런데 병뚜껑은 크기가 너무 작고 종류도 제각각이라 재활용이 쉽지 않다. 같은 플라스틱이라고 해서 재질이 모두 같은 게 아니다. 종류에 따라 녹는점도 다르고 사용 용도도 모두 다르다. 플라스틱이 재활용되기 어려운 이유가 바로 여기에 있다. 여러 종류의 플라스틱이 섞인 채로 한꺼번에 대량으로 버려지게 되면 선별장에서 종류별로 다 골라내기가 어렵다. 빠르게 돌아가는 컨베이어 벨트 위 더러운 플라스틱이 뒤섞여 있고 그걸 사람이 손으로 하나하나 골라내는 분주한 장면을 한 번쯤 뉴스에서 본 적이 있을 것이다. 플라스틱 쓰레기는 지구가 감당할 수 없을 만큼 빠르게 많이 생산되고 버려지고 있다.

　　전국의 제로웨이스트샵들은 병뚜껑이 쓰레기가 되지 않고 새로운 쓸모를 갖게 하기 위해 따로 수거해 제품으로 만드는 기업이나 브랜드로 보내고 있다. 병뚜껑을 재질별로 모으면 새로운 업사이클링 제품으로 만들 수 있기 때문이다. 우리 상점에서는 원래 병뚜껑으로 예술 작품을 만드는 작가님께 모은 것을 모두 보내고 있었다. 일반적으로 병뚜껑을 재활용하는 방법은 분쇄하여 기계에 넣고 다시 새로운 모양을 만드는 사출 방식이다. 그런데 이 사출 방식이라는 것이 진입 장벽이 높아 영세한 업체에서는 시도해 보기가 어렵다. 일단 한번 만들어진 플라스틱을 다시 녹여 재사용하는 방식이라 새 플라스틱을 만드는 것처럼 자유롭게 아무 제품이나 만들 수 없다. 내구성도 다르고 만들 수 있는 제품의 모양, 크기도 다르다. 제작이 까다롭다는 뜻이다. 게다가 사출 기계는 가격이 비싸고 부피도 크다. 하나의 제품을 만들어 내기 위해서 금형을 따로 제작해야 하는 어려움도 있다. 작은 제로웨이스트샵에서 엄두를 내기에는 부담이 되는 영역이었다.

그러나 새로 나온 장비는 다리미처럼 작은 사이즈의 기계로 녹여 스탬프를 찍듯 키링을 만들어 내는 방식이었다. 비용도 훨씬 저렴했고 제작 방식도 수작업에 가까워 진입 장벽이 낮아 보였다. 다양한 디자인을 시도해 보기도 쉬워서 해 볼 만 하겠다는 생각이 들었다. 물론 해 보지 않은 일을 영상만 보고 결정하기는 어려운 부분이라 여러 가지 측면에서 신중하게 고려하고 고민했다. 그런데 마침 병뚜껑 플라스틱 키링 제작 의뢰가 들어왔다. 절묘한 타이밍이었다. 친환경 제품에 관심이 많아 여러 번 단체 주문을 했던 거래처였는데 이번엔 기관에서 디자인한 모티브로 플라스틱 병뚜껑 키링을 제작하고 싶다고 했다. 게다가 300개가 넘는 단체 주문이었기에 도저히 거절할 수 없는 제안이었다. 바로 장비를 주문하고 시안을 받아 플라스틱 키링 제작을 시작했다. 기분 좋은 출발이고 도전이었다.

하지만 시작부터 예상치 못한 난관에 부딪혔다. 호기롭게 시작했지만 키링을 만드는 과정은 만만치 않았다. 병뚜껑이 끈적이지 않을 정도로 녹이는 온도를 조절하는 것이 어려웠고 울퉁불퉁하지 않고 매끈하게 만드는 것이 쉽지 않았다. 완성도를 위해 힘을 주어 누르다 보니 어깨와 팔에 근육통이 생겼다. 아무리 노력해도 생각처럼 잘 나오지 않아 시행착오를 여러 번 겪었다. 처음이라 터무니없이 낮은 단가로 주문을 받았는데 하나를 만드는 데 의외로 시간이 너무 오래 걸렸다. 최저 시급도 나오지 않는 건 당연했고 무사히 납품을 할 수 있을지도 미지수였다. 빠듯한 일정을 맞추기 위해 몇 주간 무리하게 작업을 계속해 나갔다. 키링을 만들며 매일 근육통에 시달렸고 마음이 여러 번 왔다 갔다 했다. 이렇게 시작하는 게 맞는 걸까. 너무 무리하게 도전한 건 아닐까. 복잡한 마음을 달래며 찍어 내기를 반복하다 보니 어느새 300개를 완성했다. 다행히 키링을 주문한 기관으로부터 무척 만족스럽다는 피드백을 받았다. 그리고 며칠을 앓아누웠다.

작업의 난이도가 높아 계속해야 할지 말아야

할지 고민했다. 작업 강도와 노동 시간을 고려해 판매가를 재정비해야 했다. 그런데 참 이상하게도 이럴 때 오기가 생겨난다. 이미 시작한 이상 발을 빼는 건 포기하는 것 같아 영 내키지가 않았다. 이왕 시작한 거 우리만의 키링 하나는 만들어 봐야 후회가 남지 않을 것 같았다. 상점의 로고를 토대로 도돌이표 모양을 새롭게 디자인해 키링을 찍는 도장을 제작했다. 노하우도 요령도 몰랐지만 그렇게 시작했다. 스스로 체득하고 수정해 나가며 만들었다. 쉬지 않고 계속하다 보니 어느 순간 조금씩 힘은 빼고 노하우를 더하는 법을 익혔다. 어떤 재질이 잘 만들어지는지, 어떤 색을 섞어야 예쁘게 나오는지에 대해서도 잘 알게 되었다. 관련 업체에서 진행하는 워크숍을 들으며 플라스틱 재질에 대해서 공부도 했다. 제작 방법, 설비 시스템 등 무엇 하나 정해진 것은 없었다. 그저 몸으로 부딪히며 방법을 터득하는 수밖에 없었다.

처음 시작했을 땐 주변에서 모두 말렸다. 힘들고 어렵다는 게 이유였다. 말리는 마음도 이해는 갔지만 우리는 이걸 해야만 했다. 다른 어떤 계산보다 직감이 앞설 때가 있다. 무엇보다 마음의 목소리에 귀 기울여야 할 때가 있다. 앞에 놓인 길이 어떤 길인지 보이지 않지만 직접 가 봐야 직성이 풀릴 것 같은 느낌이 들 때가 있다. 그래서 했다. 무조건 해야만 했다. 누가 뭐라고 하건 계속했다. 힘들고 어렵고 비효율적으로 보는 시선들을 뒤로한 채 앞만 보고 나아갔다.

현수막이 그랬던 것처럼 키링도 예상치 못한 곳에서 단체 주문이 들어오기 시작했다. 다름 아닌 학교였다. 요즘 학교에서 환경 수업을 하며 병뚜껑을 모으는 경우가 많다. 아이들이 모은 병뚜껑이 어떻게 재활용되는지 알려 주기 위한 선생님들의 문의와 주문이 이어졌다. 유치원에서도 대학교에서도 비슷한 이유로 병뚜껑 키링을 주문했다. 스마트스토어에 주문 페이지를 올렸더니 문의는 더 많아졌다. 낱개 판매의 경우에는 구매자가 직접 색깔을 골라 주문할 수 있는 DIY 방식을 선택했다. 정신없이 1년이 넘는 시간 동안 키링을 찍어냈다. 병뚜껑 키링은 우리 상점에서 단체와 낱개 판매 모두 잘나가는 효자 상품이 되었다. 두 번째로 출시한 하트 모양의 키링도 반응이 좋았다. 자연에서 지키고 싶은 색을 테마로 만들어 고를 수 있도록 옵션을 만들었다. 계속 만들다 보니 우리의 기술도 좋아졌다. 처음엔 깔끔하게 만드는 게 그렇게도 어려웠는데 이제는 작업 속도도 늘고 훨씬 수월해졌다. 생산 효율을 높이기 위해 설비도 별도로 제작해 업그레이드했다. 한 플리마켓에서 우리와 비슷한 플라스틱 업사이클링 업체를 만났는데 어쩜 이렇게 완성도가 좋으냐는 칭찬을 받았다. 그간의 고생이 그 한마디에 씻겨 내리는 것 같았다.

# 배움을 실천으로 교환하는 환경 놀이터

제로웨이스트샵이 일반 상점과 다른 점은 존재 자체로 살아 있는 교육의 현장이 된다는 것이다. 물건을 파는 곳이지만 그 물건에 환경적 의미와 가치가 담겨 있고 쓰레기를 줄이기 위한 다양한 활동이 이루어진다. 그중 가장 대표적인 것이 쓸모를 다한 자원들을 수거하여 재활용하는 곳으로 보내는 자원순환 거점의 역할이다. 페트병을 따로 모아 친환경 화장품 브랜드 '아로마티카'로 보내면 공정 과정을 거쳐 화장품 용기로 재탄생한다. 멸균팩과 종이팩은 따로 모아 지역 행정복지센터로 보내 휴지, 키친타월 등으로 재활용되도록

하고 있다. 플라스틱 정수기 필터도 따로 수거하고 있는데 20개 이상 모이면 수거를 신청하여 다시 정수기 브랜드로 돌려보낸다. 이러한 활동들은 상점의 수익과 무관하지만 버려지는 자원을 되살릴 수 있다는 점에서 의미가 있고 사람들을 모이게 하는 효과가 있다.

자원을 모아 제로웨이스트샵에 가져가는 활동은 단순히 쓰레기를 줄이는 것 이상의 가치가 있다. 일상 속에서 제로웨이스트 실천을 하다 보면 눈에 보이는 성취가 없기 때문에 기운이 빠질 때도 있고 주변의 무관심에 우울해지기도 한다. 개인이 이렇게 노력한다고 얼마나 달라질까 싶은 생각이 들 때도 있는데, 이때 따로 모은 자원을 재활용하는 곳이 있고 받아 주는 곳이 있다는 사실은 그 자체로 실천을 지속하게 하는 동력이 된다. 쓰레기를 모으는 것은 거창하지 않지만 작은 성취감을 느낄 수 있는 활동이다. 조금 귀찮기도 하고 하기 싫을 때도 있지만 하고 나면 개운해진다는 점에서 운동과도 비슷하다. 운동도 혼자 하는 것보다는 헬스장이나 요가 학원에 다니면서 다른 사람들과 함께하면 더 큰 성취감을 느낄 수 있는 것처럼 잔뜩 모아 둔 멸균팩을 제로웨이스트샵에 가져다주고 나면 리워드로 받는 종량제 봉투 한 장을 능가하는 뿌듯함과 후련함이 돌아온다. 내가 그랬었다. 물건을 사고 싶다는 소비의 욕구보다는 내가 실천한 것들의 성과를 위해, 특별한 공간에 간다는 경험의 욕구를 채우기 위해 제로웨이스트샵에 갔다.

이런 경험이 어릴 때부터 자연스럽게 쌓여 습관이 되고 일상이 된다면 얼마나 좋을까. 아이들은 어른과 다르게 자신이 보고 듣고 경험한 것들을 습자지처럼 흡수하는 뛰어난 능력이 있다. 책에서, 미디어에서, 박물관에서 보고 배운 것들을 있는 그대로 받아들이고 실천하려 한다. 그런데 현실이 배운 것과 다르다면 어떻게 될까. 환경 수업에서 종이컵을 많이 쓰는 게 환경에 좋지 않다는 걸 배웠다고 가정해 보자. 수업이 끝나고 선생님이 주스를 한 잔씩 나눠 주었는데 아무렇지 않게 종이컵에 담아 주고 집에서도 종이컵을 당연하게 쓴다면 어떻게 될까. 습자지처럼 흡수했던 배움은 별로 중요하지도 않은 사소한 것이 되어 아이들의 기억 속에서, 마음속에서 흩어져 사라져 버릴 것이다. 어쩌면 배움과 실천은 별개의 것이라고 여기게 될지도 모른다.

그래서 환경 교육을 할 때는 거창한 것보다 일상 속에서 배운 것들을 하나씩 실천하며 환경 감수성을 기르는 것이 중요하다. 백 번 듣는 것보다 한 번의 실천이 무한대로 뻗어 나가는 나무의 잔가지처럼 아이들을 확장시키는 힘이 있다. 직접 분리배출에 참여하거나 물티슈 대신 손수건을 사용하는 습관은 환경에 대해 스스로 생각해 보는 기회가 된다. 아이들이 일회용기 대신 다회용기에 음료나 음식을 담아 구매하는 '용기내 챌린지'를 부모와 함께 실천해 보고 이야기 나눈다면 그것이 곧 문화의 시작이 될 수도 있다. 문화를 만드는 건 어려운 일이지만 그리 멀리 있는 것도 아니다. 가족의 문화가 되고 또래 문화가 되면 사회 전체를 움직이는 거대한 문화 현상을 만들 수도 있다. (언젠가 그런 날이 오길 간절히 바라고 또 바란다.)

그 시작점에 제로웨이스트샵이 어떤 작은 역할이라도 할 수 있다면 더할 나위가 없겠다고 늘 생각한다. 아이들을 가르치는 선생님들이 관심을 가져 줄 때마다 희망의 빛을 발견한다. 감사하게

도 여러 기관의 선생님들이 종종 견학을 문의하
거나 수업을 요청하기도 한다. 견학을 위해 방문
한 아이들은 처음 접하는 친환경 물건들을 신기
해하며 공간을 둘러본다. 한번은 유치원에서 버스
를 대절해 단체로 방문한 적이 있었는데 제로웨이
스트샵에 대해 미리 공부해 오신 선생님이 친환경
제품과 리필 스테이션에 대해 너무 설명을 잘하셔
서 놀란 적이 있다. 아이들은 어른이 좋은 방향으
로 이끄는 만큼 그 열정을 먹고 자란다는 생각을
했다.

상점에서 걸어올 수 있는 거리에 있는 어린이
집 친구들과는 가까운 만큼 여러 번의 인연을 맺
었다. 어느 날 걸려온 선생님의 전화 한 통으로 인
연이 시작되었는데 그는 아이들과 함께 자원순환
에 참여하기 위해 이곳을 방문하고 싶다고 했다.
작은 상점에 어린아이들이 단체로 방문한다는 소
식에 어떻게 해야 좋은 경험을 줄 수 있을까 고민
하다 칭찬 스티커처럼 도장 찍어 주자고 생각했
다. 페트병, 멸균팩, 텀블러, 에코백 등 부모님이
집에서 챙겨 준 자원순환 품목을 가지고 오면 쿠
폰에 이름을 쓰고 도장을 하나씩 찍어 주면서 잘

했다고 이야기해 주었다. 쿠폰을 잘 챙겨서 다시 가져온 아이들은 두 번째, 세 번째 도장을 받았다. 가정에서 부모님과 함께 환경에 대해 생각해 볼 수 있고 실천한 뒤 잘했다는 칭찬도 받을 수 있으니 아이들에겐 일석이조의 경험이 아닐까. 그중 일곱 살 여자아이는 부모님과 함께 여러 번 재방문하여 자원순환을 실천하는 단골손님이 되기도 했다.

상점에 방문했던 아이들 중에는 자원순환에 대해 관심 갖고 잘 이해하게 된 의젓한 일곱 살도 있었지만 아직 기저귀도 떼지 못한 세 살 아기도 있었다. 소리 나는 신발을 신고 아장아장 걸어 다니는 모습이 너무 귀여워 하염없이 엄마 미소로 바라봤다. 훗날 그 아기들에게 오늘은 어떻게 남게 될까. 기억하기엔 너무 어린 나이다. 제로웨이스트샵을 방문했던 기억이 무의식에서조차 남지 않고 사라질지도 모른다. 하지만 그렇다고 해서 의미 없는 경험은 아닐 것이다. 영유아기의 오감놀이가 두뇌 발달에 영향을 주는 것처럼 한 번이 두 번이 되고 연이은 실천과 배움이 더해진다면 환경 감수성을 발달시키는 좋은 자극이 될 수 있을 거라 믿는다. 세 살 버릇 여든까지 간다는 말이 왜 있겠는가. 내가 아이를 키워 보니 알겠다. 처음엔 '친환경'이 무슨 뜻인지도 모르고 엄마가 하는 말만 듣고 따라 하던 우리 아이는 대나무 칫솔을 꾸준히 사용하며 플라스틱이 환경에 미치는 영향에 대해 조금씩 알게 되었고, 이젠 길가에 버려진 쓰레기를 그냥 지나치지 못하는 여섯 살이 되었다. 대나무 칫솔을 사용하던 첫날은 기억하지 못하지만 가랑비에 옷 젖듯 익숙해져 지금은 당연하고 자연스럽게 대나무 칫솔을 쓰고 있다.

어느 날 동네 모래 놀이터에서 놀다가 버려진 병뚜껑을 발견한 적이 있다. 아이가 그 병뚜껑을 주워 내게 건네며 말했다. "엄마 도돌이상점에 가져가서 키링으로 만들어. 재활용하라고 내가 주는 거야." 모든 걸 다 알고 있는 어른스러운 말에 웃음이 나면서도 감탄이 밀려왔다. 아이들은 어른이 생각하는 것보다 많은 것을 알고 있고 할 수 있다. 아이의 말을 곱씹다 문득 생각했다. 제로웨이스트샵이 아이들에게 배움을 실천으로 교환할 수 있는 환경 놀이터가 되면 좋겠다고.

# '환경의 날' 이벤트를 기획해 보자

6월은 제로웨이스트샵에 귀하디귀한 성수기다. 날씨가 좋아 행사도 많고 일 년 중 손님이 가장 많이 오는 달이다. 바로 '환경의 달'이기 때문이다. 6월 5일은 '세계 환경의 날'이다. 1972년 12월 15일 유엔(UN) 총회에서 제정되었으며, 국제 사회가 지구 환경 보전을 위해 공동의 노력을 다짐한 날이다. 우리나라도 1996년부터 환경의 날을 법정 기념일로 제정했다. 3일 뒤인 6월 8일은 '세계 해양의 날'이다. 이런 이유로 매해 6월이 되면 다양한 기관에서 '환경의 달'을 기념하는 행사를 개최한다. 친환경 축제나 플로깅 행사가 열리고 기업들은 소비자들이 참여할 수 있는 자원순환 프로젝트를 진행한다. 업사이클링 제품을 출시하기도 하고 브랜드에서 판매했던 제품의 용기를 다시 가져다 주면 리워드를 제공하는 이벤트를 열기도 한다.

제로웨이스트샵도 일 년 중 사람들이 가장 많이 환경에 관심 갖는 소중한 6월은 그냥 지나칠 수 없다. 소소하게나마 이벤트를 진행하고는 하는데 당일 구매 고객에게 대나무 칫솔 등의 작은 사은품을 제공하거나 새활용 공예 수업을 진행할 수도 있고 제로웨이스트 실천을 독려하는 챌린지를 주도할 수도 있다. 제로웨이스트샵을 운영하며 맞게 된 첫 환경의 날에는 어떤 이벤트를 진행해야 할까. 도드리님과 의논해 모인 우리 둘의 공통된 의견은 '뻔한 건 하기 싫다'는 것이었다. 대중이 환경에 갖는 이미지가 지루하고 환경 관련 활동에 심리적 장벽을 느끼는데 이벤트까지 재미없게 만들고 싶지는 않았다. 애초에 환경의 날 이벤트라는 것 자체가 환경에 대한 관심을 이끌어내기 위한 캠페인의 성격이 강하다 보니 웬만해서는 흥하기 어렵겠다고 결론을 내렸다. 환경과 관련이 있으면서도 우리답고 또 재미있게 참여할 수 있는 게 무엇이 있을까. 그것을 찾아내야만 했다.

자체 제작하고 있는 현수막이나 병뚜껑과 관련이 있으면 좋겠다고 생각했다. 뜬금없는 주제보다는 우리만의 정체성을 담아낸 이벤트를 기획하고 싶었다. 그래야 일관된 맥락을 가질 수 있고 사람들이 우리 상점을 하나의 브랜드로 인식할 수 있다고 여겼다. 대신 성공하고 싶었다. 성공이라고 해서 거창한 성과를 말하는 건 아니었다. 동네 작은 상점에서의 성공이란 참여율이 높고 주변에 재미있는 이벤트가 열렸다고 소문도 날 수 있는 정도면 충분했다. 제작비가 많이 들지 않고 우리다우면서도 소문이 날 수 있는 이벤트.

아이디어는 멀리 있지 않았다. 자기다움은 안에서부터 나오는 것이니까. 가장 구하기 쉽고 편하게 다가갈 수 있으면서도 우리 상점을 상징하는 건 다름 아닌 병뚜껑이었다. 그렇다면 참여자들이 병뚜껑을 직접 붙여 하나의 작품을 만드는 참여형 아트 놀이는 어떨까. 참여율을 높이려면 남녀노소가 쉽게 참여해 함께 만들어 갈 수 있는 것이어야 한다고 생각했다. '매장 앞에 북극곰이나 펭귄 같은 멸종 위기 동물을 그려놓고 거기에 병뚜껑을 붙여 알록달록 재미있는 작품을 완성해 보자'는 결론에 이르렀다. 그런데 난관은 펭귄과 북극곰을 어떻게 구현할 것이냐는 것이었다. 환경을 생각하는 캠페인인 만큼 새것을 만들지 않고 머리부터 발끝까지 재활용하고 싶었다. 버려지는 택배 박스를 이용하기로 했다. 그런데 택배 박스는 큰 설치물을 만들기엔 작은 사이즈가 대부분이었다. 방법은 단 하나. 큰 상자를 구해야 했다. 누군가 쓰고 버린 상자 중 큰 것을 구하는 일은 쉽지 않았다. 상가 주변을 찾아다니고 아파트 분리수거장을 열심히 돌아다녔다. 그러다 집 앞 분리수거장에서 누군가 방금 버린 따끈따끈한 신상 쓰레기를 발견했다. 침대 매트리스를 포장했던 상자였다. 사람 키보다 더 큰 상자는 북극곰을 그리기에 딱이었다. 기쁜 마음에 매트리스 상자를 상점까지 들고 걸어갔다. 큰 상자를 질질 끌고 가는 나의 모습을 누군가는 이상하게 바라봤을지도 모르지만 그때 나는 누구보다 기쁜 성취감을 느꼈다. 그렇게 상자에 그림을 그리고 오려내 귀여운 북극곰과 펭귄을 각각 한 마리씩 만들었다. 다음엔 북극의 빙하를 표현할 얼음이 필요했다. 아파트 분리수거장에서 구하기 쉬운 게 뭐가 있을까 하다가 떠올랐다. 하얗고 각진 거라면 하나밖에 없다. 바로 스티로폼 상자.

드디어 6월 5일이 되었다. 매장 앞 마당에 스티로폼을 여러 겹 쌓아 올리고 그 위에 북극곰을 올려놓았다. 병뚜껑을 색깔별로 분류하고 통에 담아 원하는 색깔을 골라 목공 풀로 붙일 수 있게 이벤트 존을 마련했다. 북극곰 옆에는 환경 메시지를 응모해 추후에 당첨자들에게 병뚜껑 키링을 사은품으로 제공했다. 모든 준비는 완벽했고 남은 건 참여였다. 아무리 우리가 멋진 이벤트를 기획해도 소문이 안 나면 참여율은 저조할 수밖에 없다. 운영하고 있는 SNS 채널(인스타그램, 블로그, 당근마켓)에 이벤트 소식뿐 아니라 쓰레기로 이벤트를 만드는 과정까지 영상으로 모두 찍어 올렸다. 그리고 가까운 어린이집 선생님께 어린이들이 방문해 참여해도 좋다고 연락을 드렸다. 어린이 친구들이 참여해 주니 확실히 이벤트에 와자지껄 활기가 생겼다. 지나가던 행인들도 구경하다 참여하고 단골손님들도 SNS를 보고 찾아왔다. 그렇게 모두의 마음이 모여 북극곰과 펭귄에 병뚜껑을 가득 채워 작품을 완성했다.

　작은 상점에서 이벤트를 기획하는 일은 쉽지 않다. 새로운 아이디어도 필요하고 아이디어를 실현할 노동력과 시간도 필요하다. 열심히 기획해도 관심을 못 받을 수 있고 결정적으로 수익에 도움이 되는 일이 아니었다. 제품 홍보도 아닌 이벤트를 위해 이렇게까지 진심을 다해 노력하는 게 어쩌면 무모해 보일지도 모르겠다. 그래도 하고 싶었다. 제로웨이스트샵이 제대로 된 비즈니스가 되려면 더욱더 이런 이벤트가 필요하다고 생각했다. 제로웨이스트샵이 그저 물건을 파는 가게가 아닌 문화를 만들어 내는 곳으로 다가가려면, 사람들을 모이게 하는 공간으로서 기능하려면 이야기가 있어야 한다. 이벤트가 끝난 후, 힘들어서 일 년에 여러 번은 못 하겠다고 넋두리했지만 그래도 잘했다 싶었다. 여느 팝업 스토어처럼 쓰레기를 만들어 내지 않는, 지속 가능한 이벤트를 오롯이 우리의 땀으로 실현할 수 있다는 걸 보여 준 그 자체로 뿌듯했다. 작은 손으로 북극곰과 펭귄에 병뚜껑을 붙이는 어린이들의 모습이 너무 사랑스러웠고 참여자들이 남긴 환경 메시지를 읽는 것도 즐거웠다.

　사업체를 운영하든 직장 생활을 하든 일을 하다 보면 네모난 종이로 된 명함을 주고받기 마련이다. 비즈니스에서 명함은 없어서는 안 될 필수품이긴 하지만 정작 받은 명함을 자세히 보는 사람은 드물다. 메일을 보내거나 전화하는 등 연락할 일이 있을 때가 되어서야 수많은 명함들을 뒤적거리게 된다. 누군가는 인상적인 명함을 만들기 위해 예쁜 디자인, 독특한 재질의 종이를 선택하기도 한다. 하지만 내게는 이야기가 명함이다. 본질을 잘 지켜 가면서 누구도 하지 않았던 일들을 해 나간 이야기를 만들고 싶다. 누군가 도돌이상점에선 무슨 일이 일어나느냐고 물었을 때 자랑스럽게 꺼내 놓을 수 있는 이야기를 상자 가득 채워 넣고 싶다. 아무거나 뽑아도 모두에게 꽝 없는 행운의 제비뽑기 같은 명함을 건넬 수 있도록.

# 함께할수록 커지는 플로깅의 힘

환경에 관심을 갖게 되면서 자연스럽게 플로깅에 대해 알게 되었다. 플로깅(plogging)이란 '이삭을 줍다'는 뜻의 스웨덴어 'plocka upp'과 영어 단어인 '조깅(jogging)'이 합쳐져 생긴 합성어이다. 말 그대로 쓰레기를 주우면서 조깅을 한다는 의미다. 이 단어가 생겨나게 된 배경은 이렇다. 2016년 스웨덴의 평범한 회사원이었던 에릭 알스트롬(Erik Ahlström)은 매일 자전거를 타고 출근하는데 길가에 버려진 많은 양의 쓰레기를 보고 큰 충격을 받았다. 스웨덴의 작은 마을 오레에서 20년간 살다가 스톡홀름에 돌아온 뒤 그는 도시가 얼마나 더

럽혀졌는지 깨달았다. 그렇게 자신이 다니는 길의 쓰레기를 줍기 시작한 것이 플로깅의 시작이었다. 스포츠와 환경 정화 활동이 결합된 플로깅은 전 세계적으로 퍼져 나갔고 우리나라에서도 여러 단체와 모임에서 함께 쓰레기를 줍는 문화가 생겨났다.

나의 첫 플로깅은 집 앞이었다. 아이가 태어나던 해인 2020년의 어느 주말, 남편에게 아이를 맡기고 쓰레기봉투와 집게를 들고 밖으로 나가 한 시간 남짓 동안 아파트 주변에 버려진 담배꽁초를 주웠다. 처음엔 혼자서 행인들이 지나가는 거리의 쓰레기를 줍는 게 괜히 눈치가 보였다. 누군가 나를 이상한 사람처럼 쳐다볼 것 같고 유난처럼 보일까 걱정도 했다. 하지만 한 번이 두 번이 되고 세 번이 되니 점점 뻔뻔해지고 익숙해졌다. 생각보다 지나다니는 사람들은 내게 관심이 없었다. 그리고 거리에 버려진 담배꽁초는 생각보다 훨씬 더 많았다. 평소엔 무심하게 지나쳐서 몰랐는데 자세히 보니 문제가 심각했다. 아파트와 아파트 단지 사잇길 벤치는 흡연가들의 단골 장소였고 바닥과 주변 잔디밭, 벤치의 나무 사이사이까지 담배꽁초와 담뱃갑이 숨어 들어가 있었다. 그렇게 버려진 담배꽁초가 빗물과 함께 배수구로 흘러들어 가 강과 바다를 오염시키고 다시 우리에게 유해 물질과 미세 플라스틱이 되어 돌아온다고 생각하니 도저히 줍지 않고는 견딜 수가 없었다.

아이가 조금 크면서는 혼자 하던 플로깅을 여행지에서 가족과 함께했다. 사람들이 지나다니는 산책길, 바닷가 앞, 우리가 머물렀던 리조트 주변에서 쓰레기를 주웠다. 내가 봉투를 벌리면 아이가 집게로 쓰레기를 주우며 환경에 대해 함께 이야기를 나누었다. 짧게라도 그런 시간을 마련해 여행의 루틴으로 만드니 일상 속에서 만들어 내는 생활 쓰레기에 대해 한 번 더 생각해 볼 수 있었다. 플로깅은 그렇게 우리 가족의 문화가 되었다.

그러던 2022년 4월, 처음으로 가족이 아닌 다른 사람들과 함께 모여 플로깅을 하게 되었다. 바로 내가 단골이었고 지금은 대표가 된 도돌이상점의 플로깅 모임이었다. 도돌이상점뿐만 아니라 시흥의 다른 제로웨이스트샵들도 함께 연합하여 주최한 플로깅으로, 첫 모임에서는 갯골생태공원을 함께 걸으며 쓰레기를 주웠다. 그러면서 주변

의 풍경을 감상하고 멸종 위기종 생물들을 관찰
하며 사람들과 대화도 나누었다. 그냥 쓰레기만
줍는 게 아니라 마치 생태 관광을 하는 기분이 들
었다. 그다음엔 연꽃테마파크, 은계호수공원 등
시흥 곳곳으로 플로깅을 하러 다녔고 거의 매번
가족들을 모두 데리고 참여했다. 여럿이 함께 모
여 플로깅을 하는 건 훨씬 즐겁고 힘이 되는 일이
었다. 대화를 나누며 쓰레기를 줍다 보면 힘든 줄
도 몰랐고 걷다 보면 어느새 거리가 깨끗해졌다.
여럿이 함께하다 보니 혼자 하는 것보다 눈치도
덜 보이고 오히려 우리의 활동이 하나의 환경 캠
페인처럼 보일 거라는 생각에 뿌듯하고 자랑스러
웠다. 모임에서 늘 최연소 참가자였던 우리 아이
는 플로깅 문화를 자연스럽게 받아들이게 되었고
길가에 버려진 쓰레기를 그냥 지나치지 못하는 형
아로 자라나게 되었다.

도돌이상점에 함께하게 된 이후로 첫 플로깅
모임을 주최했을 땐 상점 주변의 공원과 산책길로
쓰레기를 주우러 나갔다. 참가자로 활동만 하다
가 직접 행사를 주최해 보니 여러 가지 세세하게

신경 쓸 게 많았다. 매장 문 여는 날을 피해 비가 오지 않는 날로 날짜를 정하고 홍보를 위한 포스터 이미지를 만들어 SNS로 공지해 참가자들을 모집했다. 플로깅을 진행할 장소를 정하고 시간과 동선을 미리 계획했다. 참가자들에게 나누어 줄 장갑과 집게, 봉투도 미리 준비하고 플로깅을 마친 후 상품으로 제공할 병뚜껑 키링도 준비했다.

행사 당일, 참가자들과 인사를 나누고 집게를 든 손을 모아 인증 사진을 찍은 후 플로깅을 시작했다. 사람들의 걷는 속도와 쓰레기 줍는 모습을 살피며 계획된 동선에 따라 움직였다. 이것저것 신경 쓸 게 많지만 플로깅은 새로운 만남의 기회가 되기도 한다. 어느 정도는 환경에 관심이 있는 사람들이 나오는 행사이다 보니 대화의 주제는 자연스레 환경으로 흐른다. 그중 아이들과 함께 가족 단위로 온 참가자들이 있었는데 초등학생인 첫째 아이가 평소 환경에 관심이 많아서 오게 되었다고 했다.

아이들에게 쓰레기를 줍는 일은 마치 보물 찾기 놀이라도 되는 것 같았다. 자신이 먼저 쓰레기를 발견하기 위해 길가를 유심히 보며 걷다 쏜살

같이 달려가 경쟁하듯 쓰레기를 주웠다. 어른들은 아이들에게 쓰레기 주울 기회를 양보했고 쓰레기를 주우면 받아쓰기 100점 맞은 것처럼 칭찬이 쏟아졌다. 거리를 걸으며 만나게 되는 꽃과 풀, 나비에게도 자연스럽게 시선을 주게 되었다. 처음 보는 곤충도 관찰하고 주변을 날아다니는 나비에게 말을 건네기도 했다. 플로깅은 단순히 거리의 쓰레기만 없애는 환경 정화 활동이 아니라 아이들이 자연을 접하면서 신체 활동을 할 수 있고 동시에 환경 감수성과 성취감을 높이는 교육적인 경험의 현장이었다.

모든 행사가 그러하듯 언제나 예상치 못한 변수가 존재한다. 날씨가 도와주지 않을 때도 있고 생각보다 인원이 적게 모여 아쉬울 때도 있다. 그래도 플로깅을 계속하는 이유는 사람들을 모이게 하고 그들과 함께 친환경 문화를 이뤄 낸다는 뿌듯함 때문이다. 성공적인 플로깅 모임을 위해 반드시 거창한 기획이 필요한 건 아니다. 사실 플로깅 자체가 기획이다. 쉬울수록 좋다. 누구나 가벼운 마음으로 와서 즐겁게 할 수만 있다면 그걸로 성공한 플로깅이다. 여기에는 환경을 생각하는 마음과 실천이 한데 모이는 느슨한 연대가 있다. 느슨한 연대는 각자 자신의 가치를 잘 지키면서도 서로의 생각과 경험을 나누며 자연스레 확산되는 문화를 만든다. 따로 또 같이 모여 만들어 내는 플로깅 모임을 더 다양하게 주최해 보고 싶다. 동네 작은 산에 올라가 채식 도시락을 먹으며 대화를 나누는 친환경 포트럭 파티도 해 보고 싶고 쓰레기를 주운 후 그것으로 대화를 나누는 플로깅 살롱도 열어 보고 싶다. 무궁무진한 플로깅의 세계로 모두를 초대하고 싶다.

# 어쩌다 섭외까지

처음엔 시에서 열리는 축제에 체험 부스로만 참여할 계획이었다. 그런데 그 축제의 주제가 하필 '친환경'이었고 플리마켓, 체험, 공연, 푸드트럭 등 모든 부스가 환경과 관련된 것으로 채워졌다. 우리는 플리마켓 셀러와 체험 부스 두 곳에 지원하였고 모두 선정되었다. 기쁜 마음으로 행사를 준비하려고 하는데 축제 담당자로부터 연락이 왔다. 플리마켓 셀러 섭외에 어려움이 있다며 섭외를 대행해 줄 수 있는지 제안했다. 이전에 친환경 플리마켓인 '지구장터'를 기획했던 걸 알고 섭외를 요청한 것이었다. 새로운 일을 맡아서 해 볼 수 있는 기회였지만 마냥 기쁘지만은 않았다. 이전에 비슷한 제안을 받아 일을 진행했다가 섭외가 끝난 후 실행하는 과정에서 일이 무산된 적이 있었기 때문이다.

친환경은 단순히 산업의 분야나 상품의 카테고리로만 분류하기 어렵다. 기존의 산업은 뷰티, 식품, 가구 등 정해진 분야가 명확히 있고 각 분야의 전문가들이 존재한다. 하지만 친환경은 그렇지 않다. 모든 산업에 걸쳐 친환경적인 방식을 추구할 수 있고 업종 및 직종별로 친환경 디자인, 생산, 유통, 마케팅이 각각 다르게 요구된다. 기존에 해 오던 방식들이 아닌 새로운 관점과 접근 방식이 필요한 부분이기 때문에 어려운 것이다. 예를 들어 식품 전문가라고 해도 친환경 식품에 대해서는 잘 알지 못할 수도 있고, 패키지 디자인 전문가라고 해도 친환경 패키지에 대해서는 처음부터 공부가 필요하다. 이러한 이유로 제로웨이스트샵에 환경과 관련된 프로젝트 제안이 종종 들어올 때가 있다. 친환경 축제를 기획하고 진행해야 할 때, 친환경 교육이 새롭게 필요할 때, 친환경 셀러를 섭외해야 할 때 환경을 잘 아는 누군가의 도움이 필요한데 그게 바로 제로웨이스트샵이 되는 것이다. 처음 제안을 받았을 땐 마냥 신나고 기뻐서 흔쾌히 수락했다. 하지만 진행 과정에서 주최 측과 제대로 소통하기 어려운 경우도 있었고 그걸 유연하게 풀어내고 관리하기엔 우린 너무 초보였다. 처음부터 능력에 벗어나는 범위의 일이었다는 걸 지나고 나서야 깨달았다. 디자이너가 친환경 디자인을 잘하지 못할 수 있는 것처럼 제로웨이스트샵이라고 해서 모든 친환경 분야의 일을 다 할 수 있는 건 아니다. 각자가 할 수 있는 범위를 잘 알고 새로운 도전을 하는 적당한 균형이 필요한데 과거의 실패는 그 경계를 깨닫는 계기가 되었다.

이번 제안은 섭외만 담당하면 되는 부분이었기 때문에 이전과는 여러모로 성격이 많이 달랐다. 나는 제로웨이스트샵을 하기 이전부터 다양한 친환경 브랜드와 셀러들에 관심을 두고 있었고 업을 전환하면서 생긴 네트워크가 더해져 섭외는 어느 정도 자신도 있었다. 하지만 행사가 한 달도 남지 않은 시점이라 일정이 조금 빠듯할 것 같아 고민이었다. 잘할 수 있을지, 하는 게 맞을지 계속 결정하지 못하고 주저했다. 이런 나를 보며 도드리님이 남긴 한마디. "하고 싶으신 것 같은데요."
말문이 막혔다. 하고 싶다는 생각조차 하지 않았
고 그런 표현을 하지도 않았는데 그녀는 어떻게
나도 몰랐던 내 마음을 알아챘을까. 난 그저 난감
해하고 있었을 뿐인데 말이다. 솔직한 내 감정을
마주해 보니 과거의 실수 때문에 겁을 내고 있는
거였다. 그게 다였다. 그때 나는 과거에 사로잡혀
앞으로 나아가는 것을 포기하려 하는 내 모습을
발견했다. '고작 이 정도에 약한 모습 보이려고 인
생의 큰 전환점인 업을 전환한 게 아닌데 내가 왜
이러고 있지. 할까 말까 할 땐 결국 부딪히고 해
봐야 한다는 걸 왜 알면서도 모른 척하고 있었지.'

　선택을 늦추면 일을 제대로 할 시간만 줄어든
다는 생각이 들어 빠르게 일에 착수했다. 물론 섭
외는 처음부터 난항이었다. 우리가 섭외할 만한
셀러들 대부분이 이미 체험 부스에 대거 참여하기
로 해서 중복 참여할 여력이 없다는 게 맹점이었
다. 새로운 셀러를 찾아야 했다. 섭외를 진행한 시
점은 추석 연휴가 시작되던 9월 중순쯤이었고 행
사는 한 달 남짓 남은 10월 말로 예정되어 있었

다. 플리마켓 성수기인 만큼 이미 많은 셀러들이 그 날짜에 스케줄이 정해져 있었다. 부스를 못 채울 수도 있다는 생각에 애가 탔다. 이럴 땐 특별한 묘수가 없다. 무한 리서치에 들어가는 수밖에. 13년간 트렌드 분석을 하며 자연스럽게 터득한 나의 검색 노하우와 빠른 정보력은 이럴 때 큰 기지를 발휘한다. 광활한 정보의 바다에서 단순한 검색만으로 고급 정보를 알아내기란 어렵다. 하지만 찾아낸 하나의 정보를 통해 연결고리를 가지고 이어서 조사하다 보면 처음엔 예상하지 못했던 정보가 보물처럼 연이어 나오기 마련이다. 우선 주변 도시의 친환경 축제를 검색했고 그 축제의 참여 셀러 리스트를 알아낸 후 그 셀러가 참여했던 다른 축제의 또 다른 셀러, 그 셀러가 팔로잉하고 있는 관련 브랜드들을 하나씩 찾아보며 정보의 연결고리를 파고들었다. 연락하고 메시지 보내고 거절당하고의 반복 끝에 가까스로 일정 내에 부스를 모두 채웠다. 빈티지 의류, 식물, 업사이클링 주얼리, 자연 친화 엽서 등 친환경을 주제로 하는 다양한 셀러들이 모였다.

어쩌다 보니 우리는 이 축제에서 플리마켓 섭

외뿐 아니라 셀러와 체험 부스까지 많은 부분에 참여하게 되었는데 이제 와서 생각해 보면 참 잘했다 싶다. 행사의 규모나 흥망에 상관없이 '친환경'을 테마로 하는 축제에 참여할 수 있었다는 게 뿌듯하다. 무늬만 친환경을 내세우고 실제로는 일회용 쓰레기를 마구 만들어 내는 행사도 많은데 이 축제는 달랐다. 플리마켓 부스에는 일회용 현수막을 제작하지 않고 썼다 지웠다 할 수 있는 칠판형 간이 간판이 달려 있었다. 푸드와 카페 존은 일회용기를 사용하지 않고 다회용기에 음식을 담아 제공하고 수거함도 따로 마련해 두었다. 비건 음식을 함께 판매해 친환경의 의의를 더했으며 정말로 쓰레기가 많이 발생하지 않은 축제였다.

우리도 이에 걸맞게 택배 상자를 잘라 체험 부스의 안내문을 만들고 다 쓴 투명 플라스틱 용기에 병뚜껑을 담아 전시했다. 특히 '병뚜껑 키링 만들기' 체험은 외부 행사가 처음이라 신경을 많이 썼다. 고온의 기계를 이용해 병뚜껑을 녹이는 작업이 필수이기 때문에 안전을 특히 중요하게 생각했다. 어린아이들의 경우 무심코 녹은 플라스틱을 만지거나 하면 사고로 이어질 수 있기 때문이다.

안전에 대한 가이드라인을 제공하고 장갑을 끼고 초등학생 이상만 참여할 수 있도록 제한을 두어 체험을 진행하였다. 덕분에 아무도 다치지 않고 행사를 무사히 마칠 수 있었다. 체험이 단순히 재미있는 하나의 경험으로 끝나지 않기를 바랐기에 진행하며 병뚜껑을 왜 모으는지, 업사이클링 제품이 어떤 의미가 있는지 참여자들과 대화를 나누며 설명해 주었는데 그 시간이 꽤나 즐거웠다. 아이에게 교육적인 이야기를 들려주는 걸 좋아하는 부모님도 있었고 평소 환경 문제에 관심이 많은 한 부모님과 심도 있는 대화를 나누기도 했다.

지구장터를 처음 준비하던 시간이 떠올랐다. 그때의 설렘은 정말로 내가 '친환경'과 관련된 어떤 일을 해 본다는 것에 대한 즐거움과 기대감으로부터 왔다. 그게 다른 힘듦을 잊게 해주는 본질이었다. 이번에도 그랬다. 이 경험 또한 사람들을 만나고 대화를 나누며 문화를 만들어 나가는 데 또 하나의 걸음이 되어 줄 것이 분명했기에 다른 고단함은 다 잊을 수 있었다.

# ESG 인플루언서 자격증을 딴 이유

갈증을 느꼈다. 환경과 관련된 책을 읽고 다큐멘터리도 보며 나름의 정보들을 섭렵해 왔지만 더 나아가는 것에는 한계를 느꼈다. 새로운 네트워크를 쌓고 이전에 몰랐던 친환경 시장의 흐름을 알게 된 건 제로웨이스트샵을 운영하며 얻은 수확이었지만 그렇다고 해서 내가 저절로 환경에 관해 전문가가 되는 것은 아니었다. 친환경 제품에 대해 더 잘 알게 되고 외부 활동을 통해 다양한 경험을 쌓긴 했지만 환경에 대한 지식을 쌓는 것은 별개의 영역이었다. 공부가 하고 싶었다. 학생 때 대학을 가기 위해 했던 공부, 취업을 위해 했던 공부가 아니라 순수하게 공부 그 자체를 목적에 두고 싶었다. 환경에 대해 더 잘 알고 싶었고 깊이 탐구해 나만의 시각을 갖고 싶었다. 내 안의 내공을 더 단단히 쌓고 싶었다. 제로웨이스트샵을 하게 된 이유도 단순히 물건만 팔려는 게 아니라 친환경 문화를 만들어 내는 플랫폼이 필요했고 하고 싶었던 것들을 실험하고 도전해 볼 공간이 필요했기 때문이었다.

공부에 동력을 얻기 위해서는 미션이 필요했다. 잔잔하고 여유 있게 커피 한 잔 마시듯 하는 느슨한 공부가 아닌 적당한 긴장감으로 나를 끌어올려 줄 배움의 미션. 몰입하고 싶었고 도전해서 성취감도 얻고 싶었다. 그러려면 공부해서 시험을 보는 형식이어도 괜찮겠다 싶었다. 환경 교육사 자격증을 알아봤다. 국가전문 자격증이고 환경 교육 프로그램을 기획하고 만들어 단체, 기관, 학교 등에 강의를 할 수 있는 기회가 주어진다고 했다. 강의를 하고 싶었기에 취득 과정에 대해 자세히 알아보았는데 현실적으로 지금은 할 수 없을 것 같았다. 우선 일정 시간 이상 교육을 이수해야 하는데 매장을 운영하면서 병행하기에는 너무 시간을 많이 뺏겨 무리가 있었다. 게다가 내가 하고 싶은 형식의 강의는 기존의 환경 교육과는 조금 결이 달랐다. 사람들에게 환경 문제를 알리고 좋은 방향성을 제시하고 싶기는 했지만 지난 13년간 일하며 쌓은 노하우를 적용할 수 있는 라이프스타일, 브랜드, 마케팅과 관련된 쪽에 집중하고 싶었다.

다른 자격증을 알아보다가 '그린 인플루언서'라는 민간 자격증을 알게 되었다. 유명 강사인 김미경 님이 운영하는 교육 플랫폼 MKYU에서 발급하는 자격증으로, 환경 관련 인플루언서가 되고자 하는 사람들이 많이 도전하는 자격증이었다. MKYU에서 발급하는 환경 관련 자격증은 '그린 인플루언서'와 'ESG 인플루언서' 총 두 가지였다. '그린 인플루언서'는 환경과 관련된 정보들을 바탕으로 사람들에게 기후 위기의 심각성과 제로웨이스트 실천에 관련된 캠페인을 SNS로 알리는 역할을 하는 하나의 직업으로 정의되고 있었다. 내가 지난 몇 년간 해 왔던 활동이 바로 그린 인플루언서였기에 추구하는 방향과 잘 맞기는 했지만 내가 모르는 새로운 것보다는 이미 아는 것들이 많을 거라는 생각이 들었다.

'ESG 인플루언서'는 요즘 기업들이 많은 관심을 쏟고 있는 ESG 경영과 관련이 있었다. ESG 경영이란 지속 가능성을 달성하기 위한 3가지 핵심 요소인 환경(Environmental), 사회(Social), 지배구조(Governance)를 의미한다. ESG 인플루언서는 기업과 정부의 ESG 활동 가치를 찾아내 사람들에게 알리고 더 나아가 기업의 ESG 활동을 모니터링, 컨설팅, 마케팅하는 등의 역할을 기대해 볼 수 있었다. 오랫동안 트렌드 분석과 기업 컨설팅을 해 왔던 내게 더 잘 맞는 공부의 영역은 ESG 인플루언서라는 생각이 들었다. 기업에서 달성해야 할 환경적 성과에 대해서도 자세히 알 수 있고 그동안 상대적으로 관심을 덜 가졌지만 앞으로 더 중요해지는 영역인 사회, 지배구조에 대해서도 공부해 볼 좋은 기회가 될 것 같았다. 현업에 있는 교수진들과 기업가들이 강의를 하고 커리큘럼 역시 자체 개발한 지표를 토대로 한다는 점에서 신뢰가 갔다.

곧바로 자격증 공부에 돌입했다. 20강 분량의 강의를 듣고 공부하고 시험을 보는 모든 과정이 온라인으로 이루어졌다. 정해진 시간 없이 홈페이지에 접속해서 강의 영상을 수료하고 공부하는 식이었다. 시간과 장소가 자유로운 준비 과정은 일과 육아를 병행하는 내게 딱이었다. 약 세 달의 시간 동안 틈틈이 공부했다. 아침에 출근해서 잠깐, 아이 재우고 나서 밤에 잠깐, 일상의 틈을 모두 공부로 채워 넣었다. 단순히 합격을 위한 커트라인 점수만 넘으면 된다는 마음이 아니라, 더 깊은 공부의 세계로 들어가 내 것으로 만든다는 태도로 치열하게 공부했다. 출퇴근할 때, 아이 데리러 갈 때 스마트폰으로 영상을 틀어 놓고 이어폰으로 강의를 들으면서 걸어갔다. 몇 번을 반복해 들으며 공부하는 내용들이 나의 지식이 되길 바랐다. 그렇게 난 이 자격증에 진심이었다.

ESG 인플루언서 자격증 시험은 온라인으로 감독관이 지켜보는 가운데 진행되었다. 스마트폰의 카메라 기능을 통해 시험 보는 모습을 규정된 각도 안에서 실시간으로 촬영하여 부정행위를 하지 않는다는 것을 보여 주어야 했다. 이론만 보는 시험은 아니라서 시험지를 제출하고 난 후 별도의 환경 인플루언서로서의 활동 내역을 정리하고 제출해야 했다. 그동안 SNS에서 활발하게 활동하고 캠페인에 참여한 이력까지 모두 점수에 포함되었다. 100점 기준으로 70점을 넘으면 자격증을 취득할 수 있었는데, 공부도 SNS 활동도 열심히 해 온 내가 한 달 뒤에 받은 결과는 94.75라는 높은 점수의 합격 소식이었다. 그동안 해 왔던 노력이 헛되지 않았다는 생각이 들어 성취의 기쁨을 마음껏 누렸다.

누군가는 자격증이 별로 쓸모가 없다고 말할 수도 있다. 그 말도 맞는 말이다. 자격증 하나가 인생을 바꿔 주지는 않는다. 커리어에 대단한 효용가치가 있는 것도 아니다. 이것 하나로 바로 강의를 할 수 있는 기회가 주어지는 것도 아니다. 그럼에도 불구하고 이 자격증에 이렇게 진심으로 도전한 이유는 배움의 가치를 반드시 즉각적인 경제적 활용도에만 두지 않았기 때문이다. 책 한 권이 인생을 바꿔 주지는 않는다. 하지만 한 권이 두 권이 되고 수십 권이 되고, 그렇게 수백 권을 읽다 보면 다양한 분야의 지식이 쌓이고 자신만의 폭넓은 시각을 갖게 된다. 자격증 도전도 마찬가지로 앞으로 친환경을 업으로 삼고 나아가는 데 있어

나의 환경 지식에 체계를 더하기 위한 수많은 과정 중 하나였다. 앞으로 끊임없이 탐구하고 고민하며 나아가게 될 긴 호흡의 여정 중 하나의 조각이 되어 줄 거라 믿는다.

그런데 참 타이밍도 절묘하지. 자격증은 때로는 바로 쓸모가 있을 때도 있다. 커리어에 한 줄 더 쓰는 게 별것 아닌 것 같지만 효과가 있을 때도 있다. 대외적인 효과는 다 차치하고서라도 어떤 일을 해 나갈 때 스스로 움츠러들지 않게 하는 자신감 있는 태도를 만드는 데 일정 부분 도움이 될 때도 있다. ESG 인플루언서 자격증이 있어서 정말 다행이라고 생각했다. 합격 소식을 들은 지 얼마 안 되었을 때쯤 상점으로 두 명의 손님이 찾아왔다.

# 새로운 시작을 알린 첫 강의

어느 날, 아파트 내 작은 도서관의 마을학교에서 친환경 활동을 기획하고 있다며 제로웨이스트 환경 강의를 해 줄 수 있는지 물어 왔다. 기다려 왔던 순간이었기에 거절할 이유가 없었다. 담당자와 친환경 제품, 제로웨이스트샵의 활동 등에 대해 대화를 나누었고 그 자리에서 두 차례의 강연이 확정되었다. 비록 준비된 강의 자료는 없었지만 네 달이라는 충분한 시간이 있었고 내 머릿속은 그동안 하고 싶었던 이야기들로 가득 차 있었다. 이번 기회에 제대로 된 강의 자료를 만들어 놔야겠다는 생각이 들었다. 단순히 한 번 하고 끝

낼 강의가 아니라 앞으로 쭉 활용할 계획으로 공
을 들여 자료를 준비했다.

　내가 하고 싶은 환경 강의는 의무감이나 위기
감을 주는 캠페인 교육이 아니었다. 물론 환경의
중요성과 실천에 대해서도 강조해야 하지만, 활동
을 오래 지속하기 위해서는 좋아하는 것을 즐겁게
할 수 있는지가 무엇보다 중요하다고 생각했다.
기후 위기 시대에 환경은 중요한 주제이지만 새롭
게 영감을 줄 수 있는 이야기가 없다면 자칫 지루
하고 뻔한 분위기로 흘러갈 수 있다. 사람들은 미
디어를 통해 기후 재난이나 미세 플라스틱과 같은
뉴스를 자주 접하면서 제대로 알기도 전에 피로감
을 느끼고 있는 것 같았다. 그래서 환경에 대해 이
야기를 꺼내면 어렵고 불편한 것으로 여기고 제로
웨이스트를 열심히 실천하는 사람들을 '그들만의
리그'로 여겨 사회에서 소수로 만들어 버린다고
느꼈다. 그러나 나의 친환경 라이프는 그런 게 아
니었다. 내가 맛본 친환경의 세계는 그 어떤 맛집
보다 풍미가 좋고 명품 가방보다 예뻤으며 힙하
고 즐거웠다. 이 건강한 즐거움을 사람들이 알지
못한다는 게 누구보다 안타까웠다. 그래서 이 무

궁무진한 세계를 알리고 싶었다. 꼭 누군가를 가르치는 강의가 아니라 그저 많은 사람들에게 이 즐거운 이야기를 전하고 싶었던 것이다.

1회차 강의의 타이틀을 '우리가 몰랐던 친환경의 세계'로 정하고 제로웨이스트샵의 활동과 친환경 제품을 소개하는 내용을 담았다. 친환경 제품들은 어떻게 만들어지고 어떤 종류들이 있는지, 그 안에 어떤 스토리가 담겨 있는지, 힙한 브랜드는 무엇인지 고르고 골라 내용을 구성했다. 단순히 소개만 하고 끝나는 게 아니라 어떻게 해야 재미가 있으면서도 내 강의에 설득력이 생길 수 있을지 고민했다. 이건 마치 내가 예전에 하던 일과 비슷했다. 트렌드를 분석하고 콘텐츠를 만들던 그 방식에서 주제만 친환경으로 치환했을 뿐이었다. 그러다 보니 강의 자료를 준비하는 시간이 즐거웠다. 내가 가진 노하우를 새로운 콘텐츠로 녹여 내는 일은 설렘 그 자체였다. 기분 좋은 긴장감이 내 안에 흘렀다.

2회차 강의에서는 제로웨이스트 생활 방식을 이야기했는데, 영감과 취향의 사적인 영역을 중심으로 구성했다. 일반적인 환경 강의에서 개인의 취향이나 영감을 이야기하는 경우는 별로 없지만 내 경험상 이건 개인의 실천을 지속하기 위해 아주 중요한 부분이었다. 그저 의무감만으로 실천하고 지나치게 완벽을 추구하게 되면 금세 지치기 마련이고 주변으로부터도 고립될 수밖에 없다. 기후 위기 속 많은 사람들이 즐기고 실천해야 할 친환경 라이프라는 대의를 그렇게 재미없고 어둡게 전할 수는 없었다. 나는 초보 환경 강사였지만 오직 나만 할 수 있는 이야기를 하고 싶었다. 그동안 취향을 찾고자 다양한 문화를 경험하다 가치관을 만나 안정적으로 뿌리를 내린 나의 이야기를 하나의 예시로 소개했다. 모두가 똑같은 삶을 사는 게 아니라 각자의 삶을 잘 살아 내기 위한 루틴을 만들기를 바라는 마음이었다. 강의 현장에서도 자신의 취향과 일상에 대해 탐구하는 시간을 만들어보고 싶어 동영상 자료와 함께 간단한 테스트도 준비했다. 각자의 이야기를 들어 보는 시간을 마련하고 거기서 연결 짓고 확장해 대화를 이어 나가고자 했다.

강의 당일, 하필이면 폭설이 내렸다. 이런 날씨에 누가 강의를 들으러 올까 싶을 정도로 쏟아지는 눈을 헤치고 강의실에 들어갔다. 예상대로 적은 인원만 참여했던 강의였지만 개의치 않고 하고 싶었던 이야기들을 쏟아 냈다. 너무 잘하고 싶은 마음에 긴장감 가득 안고 강의를 준비해 왔는데 막상 그 시간이 오니 긴장감은 차차 사라지고 대신 따뜻한 온기가 채워졌다. 너무나 하고 싶은 이야기들이 많았는데 그걸 들어 주는 사람들이 있다는 게 얼마나 감사한 일인가. 일방적인 가르침을 주는 강의가 아니라 대화를 나누고 소통할 수 있는 시간이 주어졌다는 게 기뻤다. 대화를 나누어 보니 대부분 환경에 관심을 갖고 있는 사람들이었고 각자가 다 실천하며 여러 가지 고민들을 가지고 있었다. 실천을 가장 어렵게 만드는 부분은 역시나 생활의 불편함보다는 유난처럼 바라보는 주변의 시선이라는 것도 다시 한번 느꼈다. 그 속에서 느꼈을 좌절과 외로움을 서로 위로하고 독려해 주고 싶었다. 조금 더 어깨를 펴고 당당하게, 즐겁게 실천하기를 바라는 나의 마음을 전하고 싶었다. 혼자만 고군분투하고 있는 것이 아니라는 느슨한 연대감을 느낄 수 있는 시간. 그게 바로 내가 바라는 환경 강의 아니, 살롱이었다.

　친환경 세제를 준비해 온 용기에 담아 가는 리필 스테이션 체험을 끝으로 두 번의 강의는 끝이 났다. 해냈다는 그 자체로 후련하기도 했지만 강의를 기획한 분들에게 좋은 피드백을 받아서 더 뿌듯했다. 거친 숨을 몰아쉬며 산 정상에 올라 벌컥벌컥 냉수를 들이켜는 순간처럼 그간의 갈증이 일단락되는 듯했다. 다 쏟아 냈기에 후회도 미련도 남지 않았다. 그리고 내가 앞으로 어떤 일을 해 나가야 할지 확신했다. 어떤 게 나와 잘 어울리는지에 대한 감각도 찾았다. 강의든, 살롱이든, 어떤 형태의 콘텐츠이든 그 틀이 중요한 게 아니라 주어지는 모든 기회에 내가 하고자 하는 방향과 색을 잘 담아내 나만의 영역을 만들어 내면 된다는 걸 깨달았다.


　김한민 작가의 『혜성을 닮은 방』이란 책에 소개된 이론이 하나 있다. 'M.C(미디어 커리큘럼)'라는 건데 내가 흘러가듯 보고 접하는 것들이 나에게 어떤 커리큘럼처럼 쌓여 작용하게 된다는 내용이다.

"살면서 수많은 매체들을 접하는데 가끔은 그 매체들이
자꾸 신호를 보내오는 듯한 묘한 느낌이 들 때가 있다."

우연히 본 신문 기사에, 서점에서 스쳐 지나가
며 본 책 제목에, 버스에서 들리는 라디오 방송 책
소개 프로그램에서 반복적으로 어떤 신호를 느끼
는 것. 빵 부스러기를 줍는 헨젤과 그레텔처럼 그
신호를 따라 거슬러 올라다가 보면 예상치도 못
한 지혜의 조각을 만나게 된다는 것이다. 김한민
작가에게 미디어 커리큘럼 중 하나는 동물이었고
내게는 그것이 김한민 작가였다. 우연히 발견한
『비수기의 전문가들』이란 책은 회사에서 밤새우
며 일하다 뛰쳐나와 프리랜서의 녹록지 않음을 경
험하던 나를 묘사한 것 같다는 생각이 들어 매료
되었다. 그다음으로 속초 여행길에 『그림 여행을
권함』이라는 책을 읽었고 그다음이 『아무튼, 비
건』이었다. 철저하게 사적인 경험들이었다.

　내가 한 번 하고 휘발될 강의라고 생각하지
않고 공을 들여 준비한 이유도 이 때문이었다. 때

로는 거대한 메시지보다 우연히 스친 빵 부스러기가 더 강력한 힘을 발휘할 때가 있다. 첫 강의에서 초보 환경 강사였던 내가 남긴 부스러기들이 누군가에게 좋은 신호가 되었기를. 그 부스러기가 각자의 방식을 만들어 내는 작은 조각으로 쓰일지도 모른다는 기분 좋은 상상을 해 본다.

# 우리만의 문화를 만들자

어떤 일을 하든 그 중심에는 문화가 있어야 한다. 문화를 만들어야 사람들이 즐기고 공감하며, 그 과정을 통해 일이 대중적으로 확산될 수 있다. 잘되는 브랜드와 기업은 언제나 그들만의 독특한 문화를 가지고 있다. 여기서 '잘된다'는 것은 단순히 경제적 성과만을 의미하는 것이 아니다. 오랫동안 사람들에게 사랑받으며 긍정적인 영향력을 행사하는 것이 진정한 성공이고, 지속 가능한 문화의 본질이라 할 수 있다. 그러나 문화를 만들어 내는 건 결코 쉬운 일이 아니다. 문화는 혼자서 만들 수 없으며, 단순하게 정의하거나 한 가지 요소로 완성되는 것이 아니다. 감각적인 디자인이나 뛰어난 마케팅만으로는 불가능하다. 문화는 다차원적이며, 다수가 느끼는 공감대와 사회적 동의를 필요로 한다. 많은 사람들이 동의하고 공감할 때, 특정한 양식이나 풍습이 생겨나고 비로소 그것을 '문화'라고 부르게 된다.

작은 상점에서 문화를 만들어 가는 일은 어려운 도전이다. 특히 친환경 분야는 아직 제대로 자리 잡지 못했다. 환경 문제는 모두가 공감해야 할 전 지구적 과제이지만, 친환경 문화는 아직 주류가 아니다. 환경과 관련된 기술은 빠르게 발전하는 반면, 라이프스타일의 변화는 훨씬 더디다. 많은 사람들에게 친환경적인 생활은 여전히 낯설고, 때로는 어렵고 불편하게 느껴진다. 현대 사회의 편의 중심적 소비 방식에서 친환경 제품은 비싸고 불편하다는 인식이 큰 장벽으로 작용한다. 제로 웨이스트샵을 운영하면서 느낀 것은 많은 이들이 기후 위기와 환경 문제에는 공감하지만, 자신의 일상에 변화를 주는 것은 주저한다는 점이었다. 선택지가 많고 변화가 빠른 사회 속에서 친환경적 삶을 시작하기에 마음의 장벽은 예상보다 훨씬 높고 단단했다. 경제적 여유가 있을 땐 선택할 수 있는 '좋은 것'으로 여겨지지만, 경기 불황이 찾아오면 가장 먼저 포기하게 되는 것이 바로 친환경이다.

어떻게 하면 이 허들을 가볍게 넘을 수 있을까. 단단한 벽에 틈이라도 내어 볼 수 있을까. 시작을 어렵지 않게 하는 작은 틈만 있으면 와르르 허물어질 수도 있을 텐데. 이토록 작은 상점에서 과연 무얼 할 수 있을까. 고민하고 또 고민해 봐도 한 번에 모든 것을 바꿀 만한 획기적인 아이디어는 떠오르지 않았다. 그저 매일 주어진 상황 속에서 최선을 다하며 할 수 있는 일에 집중하는 것뿐이었다. 요령을 피우는 것은 내 방식이 아니었다. 오히려 쉽게 가고 싶지 않다는 묘한 오기도 생겼다. 나는 깐깐하게 따져 가며 오래 묵혀야 발효되는 청국장을 만들고 싶었지, 간단히 때우는 인스턴트 장국을 만들고 싶었던 건 아니었다. 조바심이 나더라도, 이게 맞다고 스스로를 다독였다. 결국 중심이 되는 철학과 가치를 놓지 않고, 모든 활동에서 그것들이 자연스럽게 드러나도록 하는 것. 퍼즐 조각을 하나하나 맞추듯 성실하고 꾸준하게 '나다움'을 만들어 나가는 것이 전부였다. 어쩌면 너무 느린 방법일지 모르지만, 내가 할 수 있는 것도, 해야 할 것도 그것뿐이었다. 무엇이든 숨 쉬듯 하겠다는 마음가짐, 그것만 변치 말자고 다짐했다. 시도한 것들이 기대만큼의 결과를 가져오지 않을 때도 많았다. 하지만 그럴 때마다 멈추지 않고, 아쉬운 마음을 금세 털어내고 다음 해야 할 일들을 묵묵히 이어 갔다.

제로웨이스트샵은 단순히 물건을 사고파는 곳이 아니다. 일상 속에서 잊히거나 버려지는 것들에 새로운 가치를 부여하며 사람들에게 새로운 생활 방식을 제안한다. 물건을 소비의 대상으로만 바라보지 않고 생산의 과정에서부터 쓰임, 버려진 후의 시간까지 고려하며 지속 가능한 방식을 고민한다. 지구에 해를 덜 끼치는 친환경 제품들, 쓰레기를 줄이는 리필 스테이션, 자원순환 거점의 역할까지. 각각의 요소들은 모두 하나의 분명한 목표를 갖는다. 바로 지속 가능성과 환경 보호라는 철학이다. 어떤 활동을 하더라도 중심엔 환경을 생각하는 일관된 가치가 있다. 그 본질을 잃어버리면 제로웨이스트샵은 생명력을 잃고 말 것이다. 물론, 생존을 위해서는 비즈니스적인 면모를 갖추는 것도 중요하다. 하지만 애초에 본질적 가치가 없다면, 이 공간은 존재할 이유가 없다. 모든 행동과 선택에 있어 이 철학을 잘 지켜 나가면 자연스럽게 '나다움', 그리고 '우리다움'이 드러나게 되고 그때 비로소 진정한 문화는 만들어진다.

제로웨이스트샵은 그 모습이 어디나 비슷해 보일 수 있다. 그러나 그 안에 담긴 이야기는 모두 다르다. 작은 공간 안에서 우리만의 이야기를 담아내기 위해 노력했다. 세상엔 더 멋지고 좋은 것들이 많지만, 그것보다 중요한 것은 어디에도 없는 나만의 이야기를 가지는 것이었다. 그래서 이 공간을 단순히 물건을 파는 곳이 아니라, 이야기를 담아내는 문화의 공간으로 만들고자 했다. 버려지는 것들로 자체 제작 상품을 만들고, 체험과 강의를 진행하며, 플로깅과 플리마켓 행사에 참여하는 모든 활동은 결국 문화를 만들어 내는 과정이었다. 주어지는 모든 기회 안에서 삶의 방식, 생각하는 방식, 그리고 느끼는 방식을 담아내기 위해 애썼다. 작은 병뚜껑은 우리의 손을 거쳐 예쁜 키링으로 재탄생했다. 헌 옷은 낡고 필요 없는 물건이 아니라, 우리가 직접 만든 현수막의 일부가 되었다. 버려진 것들에 담긴 시간과 이야기는 단순히 재활용을 넘어서 우리만의 문화를 표현하는 도구가 되었다. SNS에 올리는 글이나 이미지 하나도 소홀히 하지 않았다. 제로웨이스트샵을 경험하는 것은 단지 오프라인 공간에서만 이루어지지 않기 때문이다. 온라인에서 발행하는 모든 메시지와 이미지 역시 사람들과 연결되고 소통하는 또 다른 방식이었다. 이 작은 행동과 경험들이 일회성이 아니라 반복적으로 축적될 때 물건을 사고파는 것을 넘어서 사람들과 연결되어 가치 있는 이야기를 만들어 낼 수 있다고 믿었다. 그렇게 만들어진 이야기가 사람들의 마음에 작은 울림을 주고 공감을 얻게 된다면, 각각의 제로웨이스트샵이 하나의 거점이 되어 친환경 문화가 확산될 수 있을 것이다.

이 문화는 아직 완성되지 않았다. 완벽하지도 않다. 하지만 괜찮다. 문화를 만든다는 것은 단순히 결과를 얻는 것이 아니라, 사람들과 함께하는 과정에서 조금씩 쌓아 가는 것이기에 그것을 즐기며 한 발 한 발 나아가고 있다. 모든 시도와 실패,

그리고 작은 성공들이 모여 특별한 이야기를 만들어 낸다면 이 여정 자체를 이미 문화라고 할 수 있지 않을까.

# 입소문은 안에서부터 출발한다

제로웨이스트샵이 지구를 위하고 환경을 생각하는 마음에서 출발한 선한 의도의 공간이라고 해서 반드시 공공의 이익만을 추구해야 할까. 엄연히 비즈니스이고 개인의 시간과 노동력이 적지 않게 투입되는데 왜 사람들은 제로웨이스트샵의 운영을 돈에 욕심 없는 사람이 선택하는 사회 운동의 영역처럼만 바라볼까. 착하고 건강한 것, 지나친 소비를 지양하는 것, 느린 삶을 권하는 것은 다른 오프라인 매장에서는 찾아보기 힘든 제로웨이스트샵만이 가진 강점이고 가치이다. 하지만 때로는 이러한 특징들이 오히려 매장으로서의 매력을 반감시키고 제로웨이스트 문화의 활성화를 어렵게 만드는 약점이 되기도 한다. 누군가는 이 좋은 의도를 응원하며 좋아할 수도 있지만 다수에게 선택받는 브랜드가 되기 위해서는 그것만으로는 부족했다. 아무리 건강에 좋은 음식도 맛이 없으면 먹기 힘든 법이다. 풍미를 더하기 위한 천연 조미료가 필요했다. 사람들이 친환경이라는 단어를 들었을 때 초록색만 떠올리는 게 아니라 다양한 색을 경험하기를 바랐다. 실제로 자연은 여러 가지 색으로 이루어져 있으니까.

제로웨이스트샵은 잘된다는 이미지를 주면 안 되나. 흥하면 안 되나. 힙하면 안 되나. 기존의 고정관념에서 벗어나면 안 되나. SNS 채널의 운영에 대해 고민할 때 어떤 편견이건 그것에 맞추려 하지 말자는 마음으로 출발했다. 즐겁고 다양한 이야기들을 전하려고 노력했다. 이벤트나 행사가 있으면 짧은 영상과 함께 현장의 분위기를 업로드했고 홍보, 공유, 후기까지 모두 남김없이 기록했다. 새로운 제품이 입고되었을 때 소개하는 건 물론이고 직접 사용하는 모습까지 보여 주며 소통했다. 단체 주문이 들어왔을 때, 강의를 하게 되었

을 때도 빠짐없이 매번 SNS로 자랑했다. 이 자랑
은 불필요한 과시나 자만을 의미하는 것이 아니
라 있는 그대로를 드러내고 솔직하게 타인에게 다
가가기 위함이었다. 환경 이슈에 대한 생각, 병뚜
껑 키링 만드는 과정, 환경 이벤트를 준비하는 과
정, 플라스틱 없이 포장하는 방법까지 모든 활동
을 콘텐츠화했다. 한 해를 마무리할 땐 월별로 성
과를 정리해 기록하고 자원순환의 총결산을 통해
얼마나 많은 쓰레기를 재활용했는지 공유했다. 긴
글이 필요할 땐 블로그에, 영상은 인스타그램과
유튜브에, 사진과 짧은 글은 당근마켓과 스레드
까지 활용했다. 각각의 채널은 서로 다른 역할을
하여 사람들을 끌어당겼다. 당근마켓 홍보는 동
네 주민들에게 효과가 좋았고 블로그의 포스팅은
스마트스토어 매출로 이어졌다. 인스타그램은 전
체적인 이미지와 홍보의 중심이 되었고 스레드는
소통의 창구가 되었다. 그러면서 예전처럼 강력한
하나의 채널이 중심이 되던 시대와 달리 결정적인
한 방은 존재하지 않는다는 걸 깨달았다. 끊임없
이 기록하고 소통하며 그 안에서 새로운 세계를
구축해야만 했다.

이러다 보니 우리 상점이 장사가 아주 잘되는 곳이라고 인식하는 사람들이 늘어났다. 매달 매출은 좋을 때도 있고 아쉬울 때도 있었지만 외부에서 우리를 바라보는 이미지는 늘 바쁘고 활발히 활동하며 자리를 잘 잡고 있는 곳이 되었다. "거기는 잘되잖아요" 혹은 "직원 더 뽑아야 하는 거 아냐?"라는 이야기를 들었다. 이런 이미지는 사람들로 하여금 궁금증을 일으키고 관심을 갖게 하는 좋은 도구가 되었다. 기분 좋은 에너지가 느껴지는 SNS 채널은 홍보의 효과를 톡톡히 하기도 했지만 다시 내부로 흘러들어 와 힘을 내게 하는 원동력이 되었다. 입소문을 내려면 어떻게 홍보를 해야 하나 고민했었는데 가장 중요한 건 내면의 힘이었다. 누군가 우리 상점을 대대적으로 소문내주길 바라며 마냥 기다리는 게 아니라 즐겁고 의미 있는 이야기가 가득한 공간이 먼저 되어야 한다는 것. 즉, 입소문은 안에서부터 출발한다는 것을 깨달았다.

가장 기분 좋은 건 "앞으로가 더 기대된다"는 말이었다. 기대감을 갖는다는 건 긍정적인 시선으로 바라보고 있다는 뜻이고 긍정이 주는 힘은 아주 강력하다. 회사에서도 직장인들에게 높은 연봉, 좋은 복지만큼 중요한 것이 기대감이다. 내가 이 회사에서 계속 일하는 게 의미가 있고 앞으로 내 커리어에 도움이 될 거라는 기대, 내가 가치 있는 일을 하고 있고 나의 쓸모와 의미가 있다고 생각하는 기대, 이 회사가 나와 함께 점점 성장하고 발전하게 되리라는 기대가 지치지 않고 앞으로 나아가게 하는 힘이 되고 우리는 그걸 비전이라고 부른다. 사업도 마찬가지다. 누군가가 우리의 활동을 보고 기대를 가지고 있다고 해 준 한마디의 말은 내가 하는 일을 의미 있게 만들어 주고 나로 하여 그 기대감을 채우고 싶게 만든다. 자기가 하는 일에 기대감이 있어야 희망을 품고 지속해 나갈 수 있는 게 아닐까.

긍정의 마인드로 보니 내 안에도 마음의 벽이 있었다는 걸 깨달았다. 제로웨이스트를 실천하며 비슷한 사람들하고만 소통하려 했고 그런 사람들만 제로웨이스트샵의 활동에 관심이 있다고 생각했다. 누구나 환경에 관심은 있지만 각자의 영역과 관심의 정도가 다를 뿐이었는데 세상이 무관심하다고 생각하고 겁을 냈다. 친환경 라이프는 자본주의 사회가 만들어 낸 시스템의 반대편에 서 있다고 생각해서 트렌드를 따라가는 것을 모순이라 여겼다. 하지만 차가운 현실의 벽에 부딪히며 깨달은 건 세상을 바꾸려면 먼저 나를 바꾸고 세상 속으로 들어가야 한다는 점이었다. 애초에 문화를 만들겠다면서 마음의 벽을 치는 건 우물 안의 개구리가 되는 길을 선택하는 거나 마찬가지였다. 내가 지난 13년간 일해 왔던 노하우가 있는데 그걸 버리는 건 너무도 바보 같은 선택이었던 거다. 다시 트렌드를 열심히 찾아보기 시작했다. 정치, 경제, 문화 등 다양한 주제의 뉴스레터를 구독하고 효과적인 마케팅을 위한 채널들을 팔로우하며 흐름을 파악하려고 애썼다. 그 안에서 어떻게 해야 친환경적인 전환이 가능할지 고민했다.

결국, 제로웨이스트라는 가치는 세상과 단절된 이상이 아니라 일상 속으로 스며들어야만 진정한 변화를 만들어 낼 수 있다. 환경을 지키기 위한 작은 움직임이 더 많은 사람들에게 다가가고, 공감과 실천으로 이어질 수 있도록 나 자신부터 열린 마음으로 변화의 중심에 서야 한다고 믿는다. 제로웨이스트샵은 단순히 환경을 지키는 공간이

아니라 새로운 문화를 제안하고 세상과 소통하며
함께 성장하는 플랫폼이 되어야 한다.

# 내 삶의 메인 프로젝트

첫 시작은 사이드 프로젝트였다. 본업으로 해결되지 않는 갈증을 해소하기 위해 다양한 시도를 했다. 그냥 좋아서 하는 취미와는 결이 조금 달랐다. 어떤 형태로 발전시켜야 내 삶이 조금 더 나아질까, 내 업이 좀 더 괜찮아질 수 있을까를 고민했다. 취미의 영역이라고 하기엔 너무 진심이었지만 손해 보지 않는 업 밖의 안전한 세계에 머무르고 싶었다. 그렇게 갈팡질팡하며 나의 세계를 탐험했고 그 끝엔 삶 전체를 뒤바꿀 거대한 관문이 나를 기다리고 있었다. 그 관문을 넘어가는 일은 나도 모르게 자연스럽게 이루어지는 게 아니라 스스로의 선택을 통해서만 가능했다. 미루고 싶어도, 피하고 싶어도 누구도 대신해 줄 수 없는 일이었다. 삶을 대신해 줄 수 없는 것처럼.

내가 상상했던 업의 전환은 현실과 크게 달랐다. 엄청난 기회들이 화려하게 쏟아지고 나는 그것들을 손쉽게 선택하는 순간이 오리라고 기대했지만 착각이었다. 기다린다고 기회는 저절로 찾아오는 것이 아니고, 내가 스스로 기회를 찾아 나서고 결정해야만 했다. 한 번의 선택으로 모든 게 해결되는 것도 아니었다. 그때부터가 본격적인 시작이었다. 좋은 선택이 될지, 나쁜 선택이 될지는 끝없이 고군분투하며 성실하게 헤쳐 나가는 나의 지난한 과정에 달려 있었다. 차가운 현실과 마주해야 했고 좌절해야 했고 괜한 선택이었나 의심하기도 했다. 잘되던 오프라인 매장들마저 불황으로 폐업하는 시기에 사양 산업을 선택한 건 아닌지 끊임없이 고민했다. 경제적으로 성공한 제로웨이스트샵의 롤 모델이 없다는 사실 또한 막막하게 느껴졌다. 친환경이라는 엄격한 기준과 자기 검열이 더 잘될 수 있는 수많은 기회를 놓치게 만드는 건 아닌가 초조해질 때도 있었다.

그렇게 여기저기 마음이 흔들릴 때면 내 안에 단단하게 자리 잡은 가치관이 얼마나 많은 것들을 바꿔 왔는지 생각했다. 어떻게든 사회 안에서 나의 영역을 만들어 내기 위해 틈을 비집고 들어가 시도했던 시간들을 떠올렸다. 분명한 건 내가 선택한 이 지속 가능한 방향성을 놓지 않을 것이라는 점이었다. 앞으로 어떤 형태의 그릇에 나를 담게 될지는 모르지만 그 안에 담기는 가장 중심이 되는 알맹이는 변하지 않을 것이라는 것만큼은 확실하게 말할 수 있다.

지금까지의 이야기는 '성공적인 업의 전환기'도 '제로웨이스트샵 성공기'도 아니다. 그렇다고 실패했다는 이야기도 아니다. 모든 제로웨이스트샵의 상황을 대변하는 것도 아니다. 내 삶의 여정을 흑백논리처럼 성공과 실패로 갈라 이분법적으로 결론 내고 싶지는 않다. 괜찮을 때도 있고 힘들 때도 있다. 제로웨이스트샵을 하면 돈 잘 버냐고 묻는다면 꼭 그런 건 아니라고 답할지도 모르겠다. 하지만 정해진 게 없는 만큼 각자가 하기 나름이라는 답도 추가로 남기고 싶다. 정답이 없을 뿐 자기만의 해답을 찾아 얼마든지 원하는 세계를 그려 낼 수 있고 제로웨이스트샵이 그것의 출발점이 될 수는 있을 거라고 말하고 싶다.

　가치관의 변화에 따라 선택한 삶의 모양을 반드시 경제적 기준으로 판가름할 수 있는 건 아니다. 돈도 많이 벌고 그만큼 성과도 얻고 싶었지만 돈만 많이 벌고자 이 일을 선택한 건 아니다. 삶은 복합적이고 다차원적이며 계속되는 것이기에 퍼즐 조각을 맞추듯 매일을 충실하게 나답게 살아가고 있다. 이런 선택을 한 사람도 있다는 것, 수많은 삶의 모양 중 이런 모양을 하고 살아가는 사람도 있다는 것을 보여 주고 싶다. 환경을 생각한다면 반드시 직업을 바꿔야 한다고 말하려는 것도 아니다. 현실을 직시하며 마음이 시키는 일을 하고자 노력했던 과정들을 여기에 기록했다. 나는 그저 타인의 삶을 염탐하며 불행해질 시간에 내가 할 수 있는 것들을 하며 삶을 지속할 수 있는 방법을 고민하고 있다.

　제로웨이스트는 이제 나에게 메인 프로젝트가 되었다. 가치관으로 뿌리내린 업이니 곧 삶이기도 하다. 오직 지구를 살리겠다는 마음으로 가득 찬 가치관이 아니다. 그 어떤 것보다 소중한 나의 세

계에 대한 탐험이며 내 아이를 위한 선택이다. 그
러니 이 삶은 앞으로도 계속된다.

나가는 글

우리는 삶의 절정을 향해 달려간다. 그게 언제쯤인지, 어떤 의미인지도 모른 채 각자 인생의 황금기를 맞이하기 위해 달리고 또 달린다. 남들보다 더 잘 살기 위해 또는 남들만큼 살기 위해 경쟁에서 이기려고 애쓴다. 그러면서도 뒤처지지는 않을까 걱정하며 불안을 안고 살아간다. 남들이 인정하는 직업을 갖고 경제적 성공을 거둔다면 인생의 절정을 맛볼 수 있을까. 얼마나 벌어야 절정에 가까워질까. 절정에 도착하는 순간은 치열하게 일하는 날들일까, 아니면 마음껏 놀고먹고 써 보는 짜릿한 하루일까. 모두의 부러움을 사게 되는 그날의 끝은 어디일까. 어떻게 살아야 끝내주게 잘 살았다고 소문이 날까. 그게 행복일까.

　나도 그런 게 있는 줄 알았다. 더 이상의 아쉬움 없이 숙제를 끝낸 아이처럼 후련해할 하루가 존재하는 줄만 알았다. 딱 그 한 단락만 넘어서면 고생은 끝이 나고 주어진 풍요를 누리기만 하면 될 거라고 생각했다. 허상과도 같은 풍요를 꿈꾸며 미래지향적인 삶을 사는 게 더 의미 있다고 여겼다. 꿈에 그리는 순간이 언제쯤에나 가까워질 수 있을까 마음속에서 점쳐 보기도 했다. 그러다 고단한 나의 하루를 마주하는데 문득 이런 생각이 들었다. 지금 주어진 시간의 소중함을 뒤로한 채 난 무엇을 바라며 이렇게 전전긍긍하는 걸까. 왜 자꾸 가진 것보다 가지지 못한 것만 눈에 들어오는 걸까. 언젠가 삶의 끝에 다다랐을 때 꿈꾸던 시간들이 왔다고 치자. 과연 나는 그 시간들을 기쁘게 맞이할 수 있을까. 만족스러울까. 아닐 것 같다. 인생 대부분의 시간을 더 가지기 위해 애쓰는 허기짐으로 보내고 나서 주어지는 화려한 만찬은 내게 별로 매력적이지 않을 것 같다. 매일같이 주어지는 긴 시간들을 버리고 찰나의 행복을 선택하고 싶지는 않다.

미래를 보며 사는 게 숲을 보는 거라고 생각했는데 아니었다. 오늘 내 집 앞 정원을 잘 가꾸고 자라나는 풀잎과 나무들을 보살피는 일이 내 삶의 진정한 숲이었다. 남의 집 담벼락을 기웃거리느라 내가 키우는 나무가 그늘져 자라지 못하는 걸 보지 못했다. 꽃 한 송이 핀 걸 제대로 예뻐해 주지도 못하고 시들 때까지 무심하게 지나쳐 버렸다. 나는 나를 제대로 아껴 주지 못했다.


범지구적인 환경 문제를 여러 책과 영화, 다큐멘터리를 통해 알게 되었을 때 큰 충격을 받았다. 더 이상 이대로 살 수는 없겠다는 생각이 들었다. 방향이 한참 잘못되었다는 걸 깨달았다. 하지만 그 충격만으로 5년이 넘는 시간 동안 제로웨이스트 라이프를 유지할 수 있었던 건 아니다. 지구를 구하겠다는 거창한 포부로 매일을 살아가는 게 아니다. 지치지 않고 지속할 수 있는 이유는 나와 내 가족이 잘 살기 위함이다. 나는 정말로 내 삶을 잘 살아 내고 싶다. 가치 있는 삶을 추구하는 데서 오는 안정감, 건강한 삶을 유지하는 데서 오는 자신감, 하고 싶은 일을 하는 데서 오는 성취감이 좋다. 그 어떤 도파민보다 느리고 옅은 쾌감이지만 매일이 쌓여 깊이를 더하며 진하게 그 색을 드러내고 있다. 건강하고 단단한 일상이 우리 가족을 더 견고하게, 지속 가능한 삶으로 나아가게 해 주고 있다고 믿는다.

아이와 함께 둘이 식사를 하는 어느 평일 저녁이었다. 달큼하게 익은 콜라비가 제철이라 얇고 길쭉하게 잘라 그릇에 담아 아이 앞에 놓아 주었다. 아이는 콜라비를 집어 내게 내밀며 말했다.

"고생한 엄마한테 이 콜라비를 많이 줘야 해. 그래야 일 더 많이 하지."

"엄마 일 더 하라고? 무슨 일?"

"환경에 좋은 일."

가슴이 먹먹해졌다. 아이는 너무 당연하고 자연스럽게 건네는 말이었는데 그 말에 괜히 울컥했다. 엄마가 출근해서 하루 종일 무엇을 하는지 아이는 자세히 모르지만 적어도 엄마가 하는 일이 어떤 것을 향하고 있는지 그 방향과 가치를 알고 있다는 게 고마웠다. 난 정말로 그거면 된다. 화려한 요리는 필요하지 않다. 내 아이가 건네는 콜라비 한 조각이면 충분하다.

이타적인 삶을 살기 위해 이런 선택을 한 것이 아니다. 욕심을 내려놓고 여유를 찾기 위함도 아니다. 더 나은 삶을 살기 위한 선택이다. 다만, 어떤 게 더 '나은' 것인지에 대한 기준은 예전과 많이 달라졌다. 앞으로의 삶이 또 어떻게 달라질지 나 역시 알 수 없다. 가 보지 않은 미래니까.

이 책을 통해 나는 지금 당장 제로웨이스트를 실천하라는 말을 하려는 게 아니다. 제로웨이스트샵 운영이 얼마나 어려운지를 보여 주기 위해 쓴 글도 아니다. 각자의 삶 속에서 자신의 마음을 들여다보며 재정비하는 시간들이 있었으면 좋겠다. 그게 먼저라고 생각한다. 환경과 지속 가능성 분야에서 영향력 있는 국제 학술지인 〈Journal of Cleaner Production〉에 발표된 연구에 따르면, 자신의 감정과 생각을 잘 들여다보며 마음 챙김을 실천하는 사람일수록 기후 변화의 심각성을 더 잘 인식하고, 친환경적인 행동을 실천할 가능성도 더 높다고 한다. 나는 이 연구 결과를 신뢰한다. 왜

냐하면 내가 그랬으니까. 내가 내 마음을 돌아보
게 되었을 때 비로소 주변이 보였다.